DK

Moon Book
달의 놀라운 비밀을 찾아 떠나는 특별한 여행

청어람 아이

문북
: 달의 놀라운 비밀을 찾아 떠나는 특별한 여행

새닐른 벅스너, 패멀라 게이, 조지아나 크레이머 글 | 돈 쿠퍼 그림 | 방경오 옮김

1판 1쇄 펴낸날 2022년 8월 12일

펴낸이 정종호 | 펴낸곳 (주)청어람미디어(청어람아이)
편집 여혜영, 박세희 | 마케팅 이주은, 강유은
디자인 이원우 | 제작·관리 정수진
등록 1998년 12월 8일 제22-1469호
주소 03908 서울시 마포구 월드컵북로 375, 402호
전화 02-3143-4006~8 | 팩스 02-3143-4003
ISBN 979-11-5871-057-6 77470
      979-11-5871-194-8 (세트)
잘못된 책은 구입하신 서점에서 바꾸어 드립니다.
값은 뒤표지에 있습니다.

Original Title: **The Moon**
Copyright © Dorling Kindersley Limited, 2022
A Penguin Random House Company

For the curious
www.dk.com

글쓴이
새닐른 벅스너
행성 과학 연구소(PSI)에서 교육 과정을 개발하고
애리조나대학에서 과학과 연구 방법론을 강의한다.

패멀라 게이
천문학자이자 팟캐스터, 작가로 활동하며
행성 과학 연구소(PSI)의 선임 과학자이다.

조지아나 크레이머
행성 과학 연구소(PSI)에서 달을 전문적으로 연구하는 행성 지질학자이다.

그린이
돈 쿠퍼
자연 세계를 주로 그린다. 어린이 책과 고전 소설의
표지, 잡지 등 다양한 그림 작업을 한다.

옮긴이
방경오
바른번역 소속으로 책을 옮기고 있다. 아홉 살 딸이 읽을 책을
옮긴다는 생각으로 한 문장 한 문장 아껴가며 옮기는 자칭 타칭 딸바보다.
옮긴 책으로 『당당한 육아』, 『이순신 : 추락한 영웅』 등이 있다.

청어람아이

차례

4 달나라에 오신 여러분, 환영해요!

6 달은 어디에 있을까요?

8 달 vs. 지구

10 달은 어떻게 만들어졌을까요?

12 태양계에 존재하는 여러 가지 위성의 모습

14 **1장** 달과 인간은 어떤 관계일까요?

16 달의 모양은 어떻게 변할까요?

18 한 달 동안 일어나는 달의 변화

20 우리는 모두 똑같은 달을 보고 있어요

22 일식

24 월식

26 밀물과 썰물

28 달에는 어떤 모양이 숨어 있을까요?

30 **2장** 달은 어떤 특징을 가지고 있을까요?

32 달은 무엇으로 만들어졌을까요?

34 크레이터란 무엇일까요?

36 충돌 크레이터가 생기는 과정

38 거대 크레이터

40 달의 생김새

42 달의 화산활동

44 달 표면은 변하고 있답니다

46 **3장** 과거와 현재, 그리고 미래의 달 탐험은 어떤 모습일까요?

48 과거에는 달을 어떻게 생각했을까요?

50 우주선은 어떻게 달을 탐사할까요?

52 달의 뒷면에는 무엇이 있을까요?

54 달에 가까이 가기 위한 노력

56 아폴로 계획

58 달에서의 하루

60 지구로 가져온 달의 암석

62 달의 지도를 만들어 볼까요?

64 달에도 물이 있을까요?

66 달 탐사는 지금도 계속되고 있어요

68 다른 세계를 찾으려는 인류의 노력

70 달을 탐험하는 사람들

72 달에 가면 어떤 일을 할까요?

74 미래의 달은 어떤 모습일까요?

76 용어

78 찾아보기

80 감사의 글

달나라에 오신 여러분, 환영해요!

달은 우리가 사는 지구와 가장 가까운 이웃이에요.
지구를 제외하고 인간이 발자국을 남긴 유일한 곳이죠.

인간은 수천 년 동안 달을 이해하려고 애썼어요. 달을 세심하게 관찰하기 시작했죠. 망원경으로 들여다본 달의 모습을 그려보기도 하고, 나중에는 달을 더 가까이서 보기 위해 우주선을 보냈어요. 결국, 인간은 달에 가는 데 성공했어요. 로봇 우주선과 함께 달의 표면을 탐사했죠. 지금도 우리는 날마다 달에 관한 새로운 지식을 배우고 있답니다.

지금부터 우리는 인간과 떼려야 뗄 수 없는 달이라는 신비로운 천체를 함께 탐구해볼 거예요. 인류의 달 탐사 역사와 과정을 살펴보면서, 인류가 다시 달에 가는 날을 꿈꿔 보는 건 어떨까요?

탐험을 시작하기 전에, 앞으로 등장할 유용한 용어들을 미리 살펴보는 게 좋겠어요.

알아두면 도움이 되는 우주 용어:

궤도
행성이나 위성이 다른 천체 주위를 도는 일정한 길을 말해요.

루나(LUNAR)
달과 관련 있는 것들을 꾸며주는 단어예요.

마레(달의 바다)
달 표면의 어두운 부분을 말하는데, 아주 먼 옛날에 용암이 흘러간 자국이라고들 해요. 여러 군데를 함께 표현할 때는 '마리아'라고 불러요.

왜소행성
행성보다는 작고 소행성보다는 큰 천체예요. 태양 주위를 돌지만, 위성은 아니에요.

우주비행사
우주를 비행하며 일하는 사람이죠.

위성
항성이 아닌 다른 천체 주위를 도는 물체를 위성이라고 해요. 달은 지구의 자연 위성이죠. 우주선은 일종의 인공위성이라 할 수 있어요.

유성체
우주를 떠도는 단단한 돌덩이예요. 크기와 모양이 제각각이죠.

중력
두 개의 물체 사이에서 발생하는 서로 끌어당기는 힘을 중력이라고 해요. 눈에는 보이지 않는답니다.

천체
별, 행성, 달처럼 우주에 존재하는 물질 덩어리를 말해요.

크레이터
유성체에 부딪혀서 생긴 구덩이를 말해요.

태양
태양계의 중심에 있는 항성이에요.

태양계
행성과 위성 등 태양 주위를 도는 천체들이 모여 태양계를 구성해요. 우주에는 태양이 아닌 다른 항성 주위를 도는 천체들이 모인 행성계들도 존재한답니다.

항성
가스가 폭발하면서 스스로 빛을 내는 별을 항성이라고 해요.

행성
지구처럼 태양 같은 항성 주위를 도는 크고 둥근 천체를 행성이라고 해요. 태양이 아닌 다른 항성 주위를 도는 행성은 외계행성이라 부르죠.

달은 어디에 있을까요?

달과 지구는 태양 주위를 도는 다양한 천체 가운데 하나랍니다. 태양계의 구성원이죠. 행성들은 크기가 다양하며 대부분 '달'이라 부르는 위성들을 갖고 있답니다. 특히, 토성에는 80개가 넘는 위성이 있다고 해요. 혜성이나 소행성, 왜소행성 등 작은 얼음 덩어리나 암석 덩어리로 된 천체들도 태양계를 구성하는 일원이랍니다.

내행성

내행성은 사람이 딛고 설 수 있을 정도로 표면이 딱딱한 암석으로 되어 있어요. 그래서 지구형 행성이라고도 불린답니다. 수성과 금성, 지구, 화성이 내행성이에요.

태양 수성 금성 달 → 지구 화성

우리가 사는 지구는 세 번째로 태양에 가까운 행성이에요. 수성과 금성 다음이죠.

목성

소행성(태양 주위를 도는 암석으로 된 작은 천체)들은 대부분 화성과 목성 사이의 궤도에서 태양의 둘레를 돌아요. 하지만 우주에는 이런 암석들이 무수히 많아서 태양계의 어디에서나 발견할 수 있답니다. 목성과 토성 주위를 도는 위성이 된 것들도 있어요.

지구

지구에서…
우리가 사는 지구는 꽤 큰 행성이랍니다. 지구의 반지름은 6,378km나 되니까요.

이 책의 그림은 실제 행성 사이의 거리를 그대로 줄여놓은 것은 아니랍니다. 그랬다면 아무것도 그려 넣을 수 없었을 거예요. 둘 사이의 거리가 가장 짧은 행성들도 서로 엄청나게 멀리 떨어져 있고, 그 사이의 공간은 대부분 비어 있거든요.

외행성

외행성은 가스 행성이라고도 하는데, 딱딱한 표면이 전혀 없기 때문이에요. 그래서 사람이 이 다채로운 가스로 된 행성들을 탐험하려면 반드시 날아다니는 탈것이 필요할 거예요. 목성, 토성, 천왕성, 해왕성이 태양계의 외행성이죠. 이 외행성들 주변에는 위성도 여러 개 있답니다.

토성   천왕성   해왕성

혜성은 태양 주위를 도는 차가운 얼음 덩어리예요. 태양계의 가장 바깥쪽에서 생겨난답니다.

내행성   목성   토성   천왕성   해왕성

행성들 사이의 거리를 상대적으로 나타낸 그림이에요. 서로 얼마나 멀리 떨어져 있는지 가늠해 보세요.
(실제로 이렇게 줄지어 있는 것은 아니랍니다)

달

…달까지

달은 지구에서 약 384,400km나 떨어져 있어요. 지구가 30개나 들어가는 거리죠. 아폴로 계획에 참여한 우주비행사들은 시속 3,218.7km의 속도로 꼬박 3일을 비행해 달에 도착했답니다.

달 vs. 지구

달은 지구의 가장 가까운 이웃이에요.
바윗덩어리로 이루어진 달과 지구라는 두 세상에는 비슷한
점이 아주 많답니다. 그건 앞으로 천천히 알아보기로 하고,
우선 이 두 세상의 차이점부터 살펴볼까요?

달은 지구보다 작아요.
부피도 질량도 작답니다.

부피
지구의 부피는 달보다 훨씬 크답니다.
만약 지구 내부가 텅 비어 있다면,
그 안에 달을 50개나 넣을 수 있어요.

지름
달의 지름은 3,475km이며 지구보다
훨씬 작아요. 달을 지구에 겹쳐보면
4개가 나란히 들어간답니다.

원 또는 공 모양
물체의 중심을 통과하는
직선의 끝에서 끝까지의
길이를 지름이라고 해요.

지구의 부피는
약 1조 km³

달의 부피는
약 219억 km³

1년
지구는 태양 주위를 도는 행성이에요.
달은 지구 주위를 도는 위성이랍니다.
1년이란 지구가 태양 주위를 한 바퀴
도는 데 걸리는 시간이에요. 365일이죠.
달은 지구와 함께 움직이니까 달이 태양을
한 바퀴 도는 데에도 1년이 걸려요.

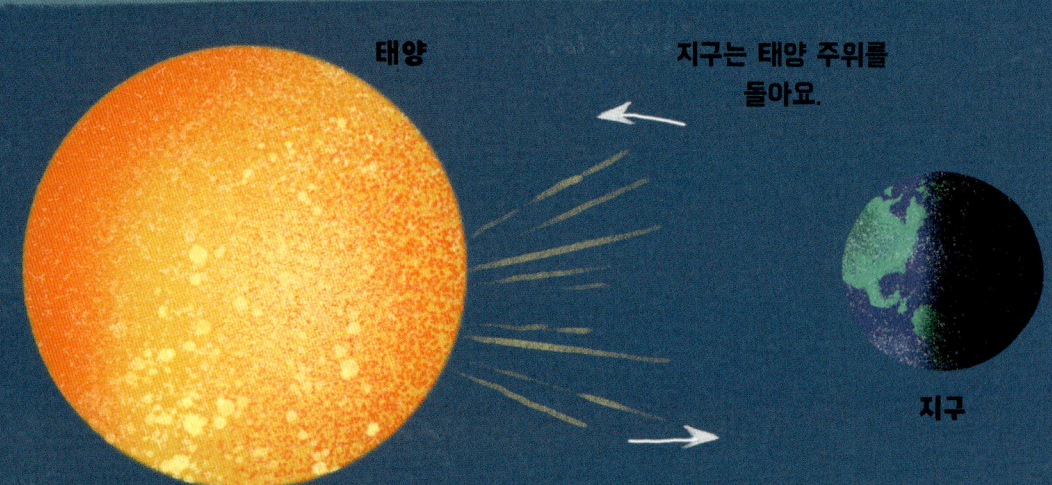

태양

지구는 태양 주위를
돌아요.

지구

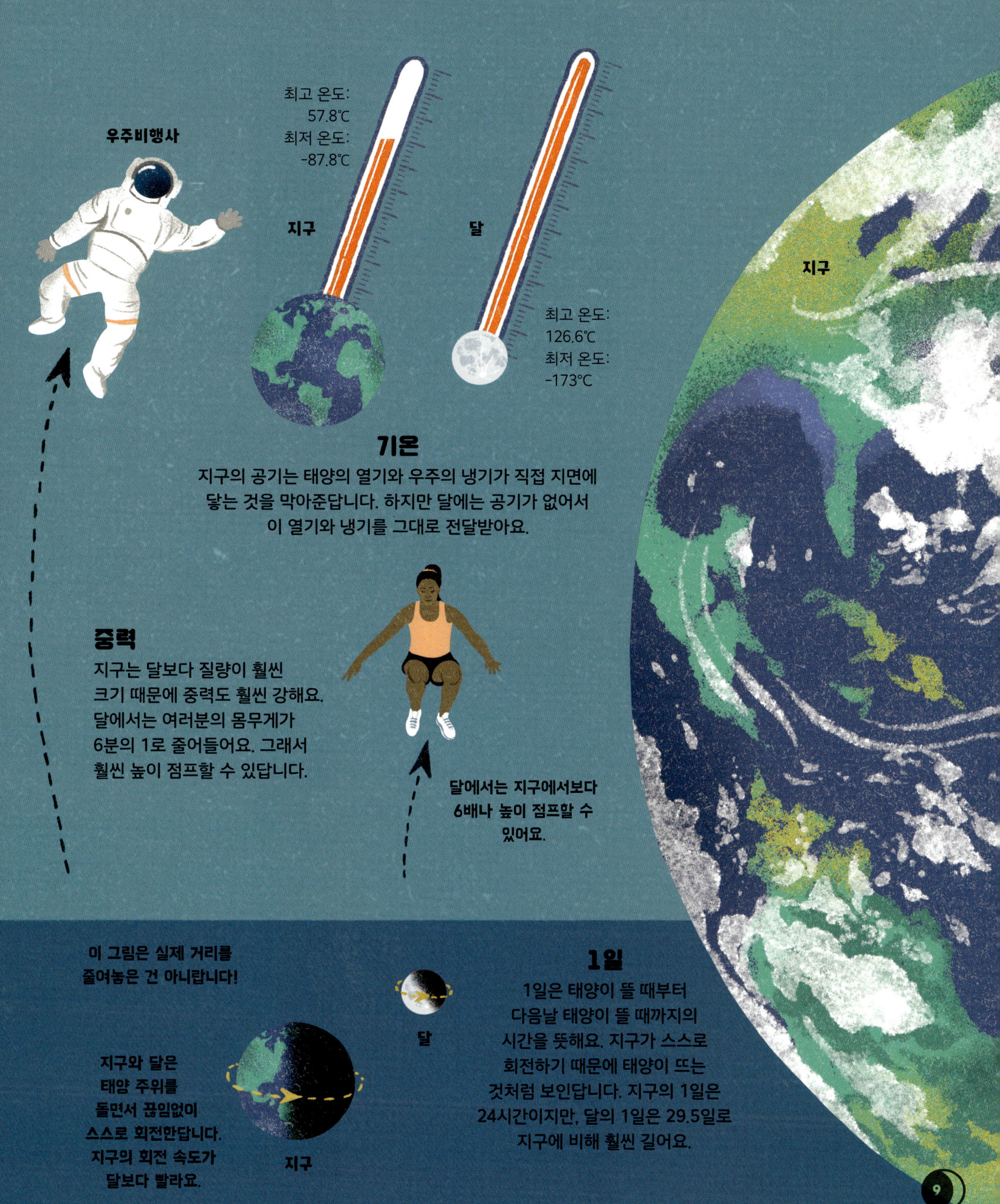

달은 어떻게 만들어졌을까요?

달은 약 45억 년 전에 테이아와 가이아라는 두 행성이 서로 충돌했을 때 생겨났다고 해요. 엄청난 충돌로 우주에 흩뿌려진 암석과 먼지 파편들이 나중에 합쳐져서 지금의 달이 되었죠.

과학자들은 어떻게 충돌이 발생했는지 알아내려고 두 행성의 모델을 만들었어요. 테이아의 크기를 바꿔가면서 충돌 실험을 했죠.

가이아의 중력이 서서히 테이아를 끌어당겼어요. 테이아는 화성과 비슷한 크기였어요.

테이아가 가이아에 충돌했어요.

충돌의 영향으로 암석 파편들이 우주로 떨어져 나갔어요.

부딪힐 운명을 가지고 태어난 행성들

가이아와 테이아는 태양계의 행성들이 막 생겨날 때 서로 너무 가까이에서 형성되고 말았어요. 서로가 가진 중력 때문에 처음부터 두 행성은 언젠가는 부딪힐 운명이었죠.

충돌!

테이아와 가이아가 충돌했어요. 두 행성의 핵이 합쳐지고 암석 물질들의 대부분이 섞여 지금의 지구가 되었답니다.

달이 어떻게 만들어졌는지 알아내는 것은 아폴로 계획(인간을 달에 보내려는 계획)의 주요 목적이었답니다.

과학자들은 아폴로 계획 덕분에 달에서 가져온 암석과 흙으로 연구를 진행할 수 있었어요. 그래서 이 충돌 이론이 등장했죠.

두 행성에서 나온 철과 니켈 같은 무거운 물질들은 지구의 중심으로 스며들어 핵을 형성하기 시작했어요.

지구

암석 파편

암석 파편들은 고리 모양으로 모여 지구 주위를 돌았어요.

시간이 흐르면서 지구의 상태는 점점 안정되었어요.

지구

달

암석 파편 고리는 달이 되어 변함없이 지구 주위를 돌고 있어요.

암석 파편 고리 생성
두 행성의 충돌로 인해 우주로 튕겨 나온 일부 암석 물질들과 먼지들은 지구의 중력에 끌려 고리 형태로 지구 주위를 돌게 됐어요.

달의 형성
암석 파편 고리는 서로의 중력에 이끌리면서 하나로 녹아들어 둥근 공 모양이 되었어요. 시간이 흐르면서 천천히 식어 달이 되었죠.

태양계에 존재하는 여러 가지 위성의 모습

지구는 하나의 위성만 가지고 있어요. 우리가 '달'이라고 부르는 위성이죠. 하지만 태양계에는 수백 개가 넘는 위성들이 있답니다. 다른 행성이나 왜소행성, 소행성 주위를 도는 위성들을 말해요. 이런 위성들은 크기도, 모양도 제각각이며, 구성하는 재료도 매우 다양해요.

이 그림 속 위성들은 실제로는 크기가 모두 달라요!

타이탄
수많은 토성의 위성 중 하나인 '타이탄'은 지름이 5,149km예요. 두꺼운 대기층이 감싸고 있으며 액체가 흐르는 호수도 있답니다.

가니메데
목성의 위성인 '가니메데'는 지름이 5,262km에 달해요. 태양계에서 가장 거대한 위성이죠. 행성인 수성보다 더 크답니다.

칼리스토
목성 주위를 도는 '칼리스토'의 지름은 4,821km예요. 표면에는 커다란 크레이터가 많아요.

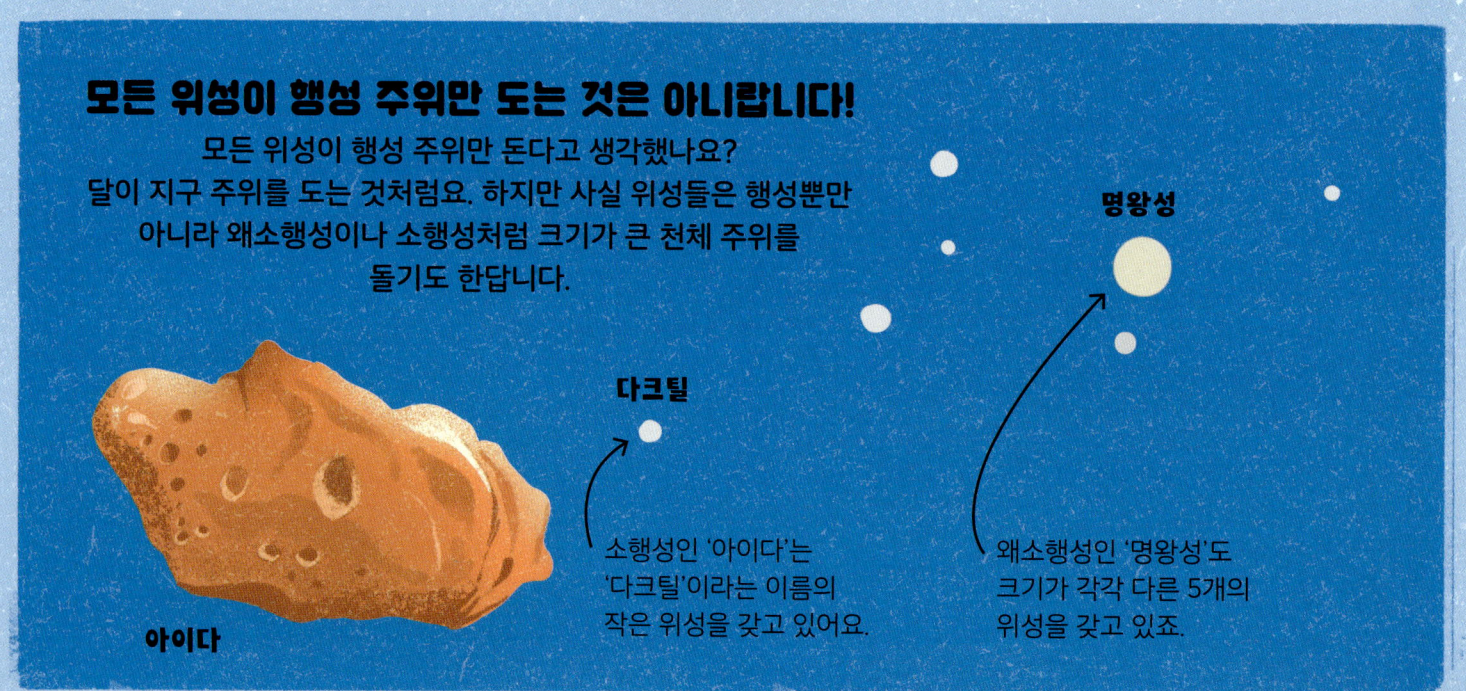

모든 위성이 행성 주위만 도는 것은 아니랍니다!

모든 위성이 행성 주위만 돈다고 생각했나요? 달이 지구 주위를 도는 것처럼요. 하지만 사실 위성들은 행성뿐만 아니라 왜소행성이나 소행성처럼 크기가 큰 천체 주위를 돌기도 한답니다.

아이다

다크틸

소행성인 '아이다'는 '다크틸'이라는 이름의 작은 위성을 갖고 있어요.

명왕성

왜소행성인 '명왕성'도 크기가 각각 다른 5개의 위성을 갖고 있죠.

모든 위성이 둥근 것은 아니랍니다!

지구의 달은 둥근 형태이지만, 다른 위성 중에는 여러분의 마당에 있는 돌멩이처럼 생긴 것도 있어요. 이렇게 생긴 위성들은 둥근 형태를 갖출 정도의 크기가 되지 못한 것이죠.

판

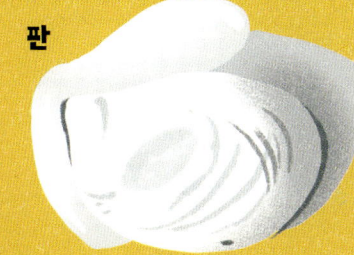

데이모스

화성은 '데이모스'와 '포보스'라는 작고 특이한 모양의 위성을 2개 가지고 있어요.

포보스

토성에는 만두처럼 생긴 위성도 있어요! '판'이라는 이름의 위성이랍니다.

이오

목성의 위성 '이오'는 화산투성이예요. 수백 개의 화산이 표면을 뒤덮고 있어요. 지름은 3,643km랍니다.

달

'달'은 지구의 하나뿐인 자연 위성이에요. 크기는 지구의 3분의 1도 안 되고, 지름은 3,476km랍니다.

유로파

'유로파'는 목성의 위성이에요. 얼음으로 된 지표면 아래에 거대한 바다가 감추어져 있어요. 이 위성의 지름은 3,122km예요.

태양계에서 가장 큰 위성

지구의 '달'은 태양계에서 다섯 번째로 큰 위성에 불과해요. 가장 큰 위성은 가장 큰 행성인 목성과 토성의 주위를 돌죠. 목성과 토성은 다른 행성들보다 훨씬 많은 위성을 가지고 있답니다.

달과 인간은
어떤 관계일까요?

달은 인간에게 항상 친숙한 존재였답니다.
아주 오래전부터 인간의 삶에 중요한 역할을 해왔죠.

하늘을 보면 달을 볼 수 있어요. 밤하늘에 뜨고 지는 달은 일정한 패턴이 있죠.
그래서 우리는 달의 움직임을 예측할 수 있답니다. 달이 무엇인지 잘 알지 못했던 시절에는
달을 매우 신비로운 존재로 여겨 달을 주인공으로 한 이야기들이 무수히 많이 생겨났어요.
지금부터 우리는 달이 지구와 어떤 관계에 있는지 함께 알아볼 거예요.
달이 지구의 자연에 어떤 영향을 미치는지, 우리가 하늘에서 볼 수 있는
달이 얼마나 놀랍고 다양한 모습을 보여주는지도 살펴볼 거예요.
그럼 우리 함께 달나라로 떠나 볼까요?

달빛

달은 왜 모양이 변하는 것처럼 보일까요?
달은 스스로 빛을 낼 수 없어요. 우리가 달을 볼 때
빛을 내는 것처럼 보이는 것은 달의 한쪽 면에
태양 빛이 반사되는 것일 뿐이랍니다.
달이 지구 주위를 돌고 있으니,
우리에게는 달의 모양이 변하는
것처럼 보이는 거예요.

달의 밝은 부분이 점점 커지는 것을 우리는 '달이 차오른다'라고 말하며,

초승달   상현달   볼록달(차가는 달)   보름달

달의 모양은 어떻게 변할까요?

달은 지구의 주위를 돌아요. 그래서 밤마다 모양이 변한답니다.
하지만 실제 모양이 변하는 건 아니에요. 그렇게 보일 뿐이죠.
이런 현상을 '달의 위상 변화', 또는 '달의 주기'라고 해요.

바다거북

과학자들에 의하면 바다거북은
달이 가장 어두울 때 해안으로 나와
둥지를 틀고 알을 낳는다고 해요.

모양 변화

이처럼 달의 여러 모습을 우리는 달의 '위상'이라 불러요. 달이 모습을 다 바꾸는 데는 29.5일이 걸린답니다. 이렇게 달의 위상이 변하는 주기는 '신월'부터 시작해요.

달의 밝은 부분이 점점 작아지는 것을 '달이 기운다'라고 말해요.

기우는 볼록달
(기울어가는 달)

하현달

그믐달

신월(삭)

달의 주기

달은 지구의 주위를 끊임없이 돌아요. 태양을 마주하고 있는 달의 면에 태양 빛이 반사되죠. 달이 지구를 도는 위치에 따라 빛이 반사되는 면의 위치가 달라지므로 지구에 있는 우리가 보는 달의 모습은 매일 밤 달라진답니다.

지구의 자전축   달의 자전축
달의 궤도

지구와 달은 자전축을 중심으로 스스로 회전해요.

산호초

산호초는 1년에 한 번 바닷물 속에 난자와 정자를 배출한답니다. 신기하게도 이런 현상은 달의 주기와 거의 비슷하게 일어난다고 해요.

한 달 동안 일어나는 달의 변화

밤하늘에 뜬 달은 아주 밝게 빛나서 찾아보기가 참 쉽죠. 사실 달은 한 달 동안 밤에 떠 있는 시간만큼 낮에도 떠 있답니다. 그리고 달이 떠 있는 시간과 달의 위상은 매일 달라져요. 그렇다면 지금부터 한 달 동안 변하는 달의 위상과 달이 가장 높이 떠 있는 시간이 언제인지 함께 살펴볼까요?

달의 위상은 매일 달라져요

하늘에서 달을 볼 수 있는 시간은 달의 위상에 따라 매일 달라진답니다. 달이 뜨는 시간이 매일 약 50분 정도씩 늦어지기 때문이에요. 달이 지구를 한 바퀴 도는 데 시간이 그만큼 더 걸리니까요. 그래서 달의 빛나는 면이 우리에게 보이는 정도가 매일 조금씩 달라진답니다.

하현달은 해가 뜰 때 가장 높이 떠 있고, 점심시간에 져요.

그믐달은 아침에 가장 높이 떠 있고, 낮 동안에도 볼 수 있어요.

낮이든 밤이든 가리지 말고 하늘에 떠 있는 달을 찾아보세요!

초승달은 학교가 마치는 오후 시간에 가장 높이 뜬답니다.

상현달은 저녁 식사 시간에 가장 높이 떠 있고, 늦은 밤에 져요.

차는 볼록달은 저녁에 가장 높이 떠 있어요. 이때는 달이 지구 주위를 돌면서 점점 더 밝아진답니다.

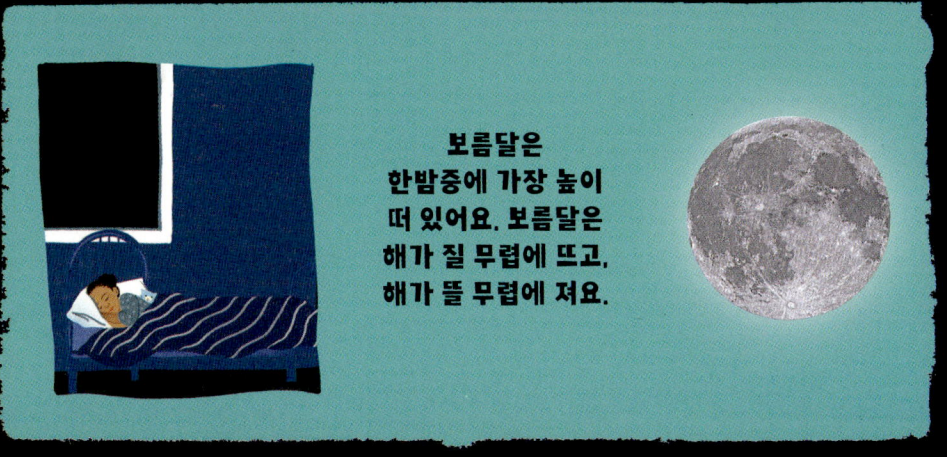

보름달은 한밤중에 가장 높이 떠 있어요. 보름달은 해가 질 무렵에 뜨고, 해가 뜰 무렵에 져요.

보름달

보름달이 뜰 때는 태양 빛이 반사되는 달의 앞면을 모두 볼 수 있어요. 달과 태양이 우리가 서 있는 곳을 중심으로 서로 반대편에 있을 때 보름달이 뜬답니다.

우리는 모두 똑같은 달을 보고 있어요

지구의 모든 사람은 하루 동안 같은 위상의 달을 볼 수 있어요.
하지만 모든 사람이 같은 시간에 같은 장소에서 달을 올려다보진 않겠죠.
우리가 어디에서 달을 보는지에 따라 보이는 부분이 다르답니다.

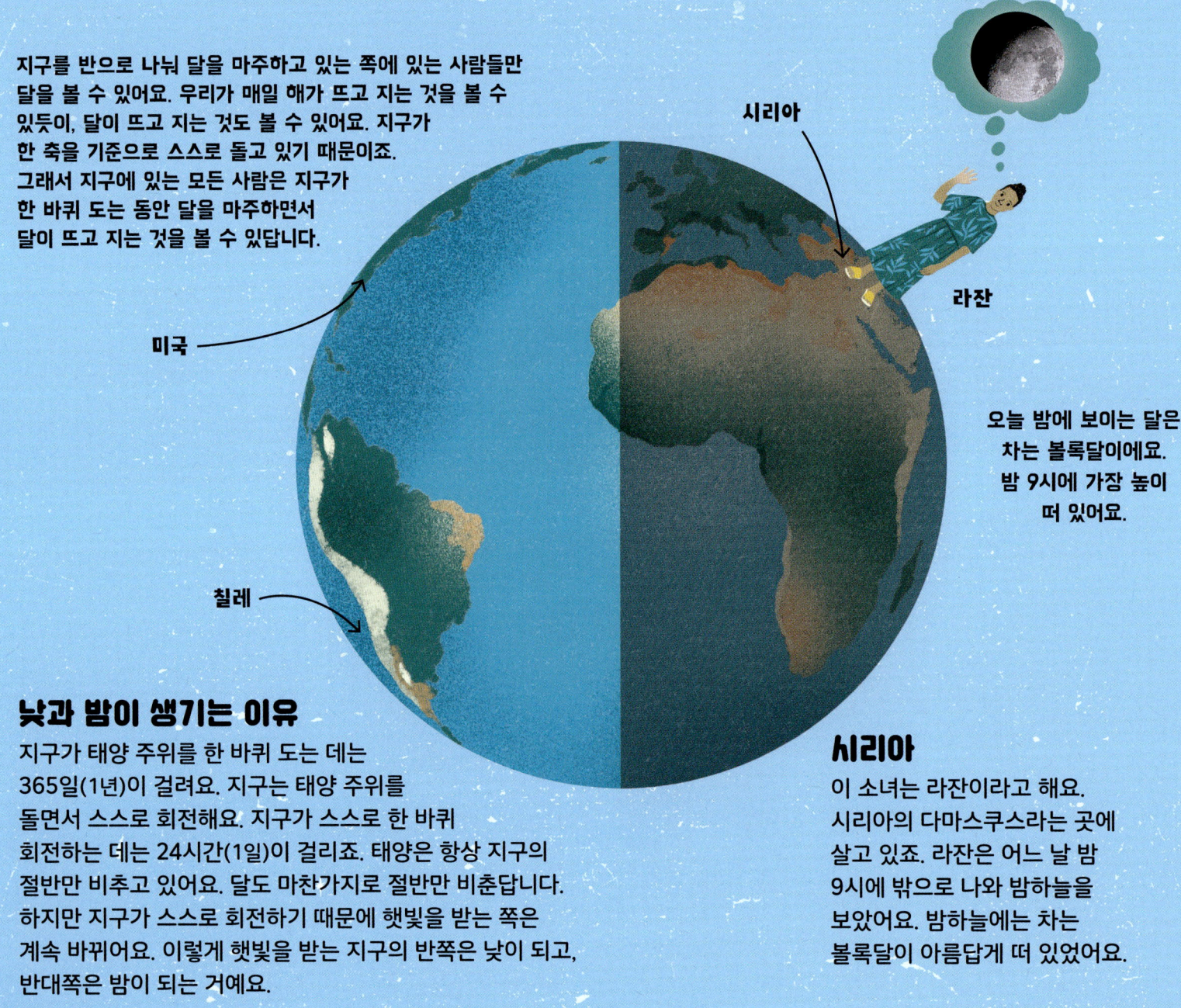

지구를 반으로 나눠 달을 마주하고 있는 쪽에 있는 사람들만 달을 볼 수 있어요. 우리가 매일 해가 뜨고 지는 것을 볼 수 있듯이, 달이 뜨고 지는 것도 볼 수 있어요. 지구가 한 축을 기준으로 스스로 돌고 있기 때문이죠. 그래서 지구에 있는 모든 사람은 지구가 한 바퀴 도는 동안 달을 마주하면서 달이 뜨고 지는 것을 볼 수 있답니다.

시리아

라잔

미국

칠레

오늘 밤에 보이는 달은 차는 볼록달이에요. 밤 9시에 가장 높이 떠 있어요.

낮과 밤이 생기는 이유

지구가 태양 주위를 한 바퀴 도는 데는 365일(1년)이 걸려요. 지구는 태양 주위를 돌면서 스스로 회전해요. 지구가 스스로 한 바퀴 회전하는 데는 24시간(1일)이 걸리죠. 태양은 항상 지구의 절반만 비추고 있어요. 달도 마찬가지로 절반만 비춘답니다. 하지만 지구가 스스로 회전하기 때문에 햇빛을 받는 쪽은 계속 바뀌어요. 이렇게 햇빛을 받는 지구의 반쪽은 낮이 되고, 반대쪽은 밤이 되는 거예요.

시리아

이 소녀는 라잔이라고 해요. 시리아의 다마스쿠스라는 곳에 살고 있죠. 라잔은 어느 날 밤 9시에 밖으로 나와 밤하늘을 보았어요. 밤하늘에는 차는 볼록달이 아름답게 떠 있었어요.

지구의 모든 사람은 중력이라고 부르는 힘에 끌려 땅에 붙어 있어요. 지구는 둥근 형태이므로 지구의 한쪽에 서 있는 사람들과 반대쪽에 서 있는 사람들은 서로 거꾸로 선 모습이랍니다. 그러므로 달도 거꾸로 보고 있는 거예요!

미국

이 소년은 빌리라고 해요. 미국 버지니아 비치에 살고 있죠. 미국은 시리아보다 약 12시간 늦게 밤이 된답니다. 빌리는 밤이 되자 밖으로 나가 달을 올려다 봤어요. 라잔이 본 달과 똑같이 생긴 달이었어요.

빌리

칠레

이 소녀는 카밀라예요. 칠레의 콘셉시온이라는 곳에 살고 있어요. 카밀라는 빌리가 달을 본 시간과 거의 비슷한 시간에 달을 바라봤어요. 카밀라가 본 달은 빌리와 라잔이 본 달과 반대로 기울어져 있었어요.

칠레

카밀라

지구가 회전하면서 지구 반대편에서는 시리아가 보이지 않게 된답니다.

왜 달이 다르게 보였을까요?

지구의 중간에는 지구를 둘로 나누는 '적도'라는 가상의 선이 있어요. 칠레는 적도 아래, 지구의 남반구에 있는 나라예요. 그래서 칠레에서 카밀라가 본 달은 빌리가 본 달과 비교해 거꾸로 된 모습이죠. 실제로 남반구에 있는 사람들은 북반구에 있는 사람들과는 거꾸로 서 있답니다!

시리아도 북반구에 있는 나라죠.

미국은 북반구에 있는 나라예요.

북반구

적도

남반구

칠레는 남반구에 있는 나라랍니다.

21

일식

1년에 몇 번, 달이 태양과 지구 사이에 들어와 지구에 자신의 그림자를 남길 때가 있어요.
이것을 '일식'이라고 부른답니다. 우리가 달이 지구에 남긴 그림자 안에 서 있다면
일식을 볼 수 있어요. 일식이 모두 똑같은 모습으로 나타나는 것은 아니랍니다.
때로는 달이 태양을 모두 가리기도 하고, 일부만 가려 태양이 고리 모양으로 보이거나
한 조각 덥석 베어 먹은 모양으로 보이기도 한답니다.

서로 다른 일식의 모습

달이 태양을 완전히 가리는 일식을 '개기일식'이라고 해요. 그리고 태양의 일부분만 가리는 일식은
'부분일식'이라고 하죠. 아래의 그림은 '금환 일식'이라고 하는 현상이 일어나는 순서를 나타낸 거예요.
달이 태양 앞을 가리면서 얇은 고리 모양의 햇빛만 보이는 현상을 말한답니다.

일식은 어떻게 일어날까요?

태양계의 모든 천체는 서로 조금씩 엇갈려 있답니다.
이렇게 엇갈려 있던 천체들이 한 줄로 서게 되면 놀라운 일이
벌어지죠. 옆의 그림은 일식 현상이 일어날 때 태양과 달,
지구의 위치를 나타낸 것이랍니다. 지구에 드리운 달의 그림자
안에 있는 사람들은 일식을 볼 수 있어요.

프로젝터 망원경

특수 필터 안경

일식 관찰

절대 맨눈으로 태양이나 일식 장면을 직접 보려 하지 마세요. 프로젝터 망원경으로 태양의 모습을 종이에 비춰 봐야 해요. 아니면 태양 빛을 걸러 주는 특수 필터 안경을 써야 해요. 어른들에게 말씀드리면 도와주실 거예요. 특수 필터 안경은 일반 선글라스와는 전혀 다른 안경이랍니다. 태양을 안전하게 바라볼 수 있게 해 주는 안경이죠. 반드시 어른과 함께 관찰하세요!

절대 태양을 직접 보지 마세요!

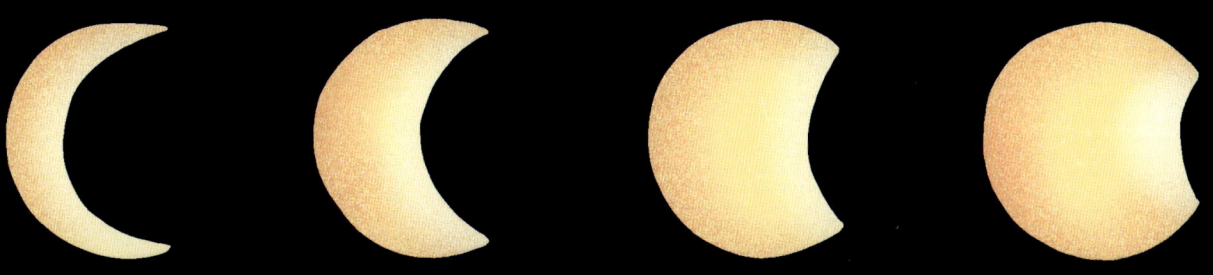

이 그림은 실제 크기가 아닌 모형일 뿐이에요.

달

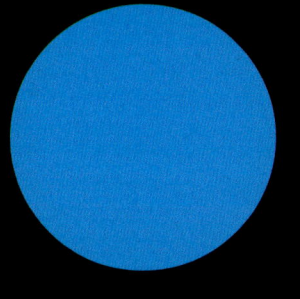

태양

지구

달이 지구와 태양 사이를 지나가는 중이에요.

인류는 역사를 기록하기 시작했을 때부터 태양과 달의 움직임으로 날짜와 계절이 흘러가는 것을 파악해왔답니다. 보름달은 한 해에 한 번에서 세 번 정도 놀라운 모습으로 변할 때가 있어요. 신월(삭)에서 시작해 보름까지 이어지는 달의 주기는 변함이 없지만, 뜬금없이 어두운 회색이나 짙은 빨간색 빛을 내뿜는 보름달이 뜰 때가 있죠. 고대에는 이런 현상을 무섭고 좋지 않은 징조로 여겼어요. 하지만 지금은 달이 지구의 그림자에 잠길 때 일어나는 현상이라는 것을 알게 되었답니다.

월식은 어떻게 일어날까요?

달은 약간 기울어진 궤도로 지구 주위를 돌아요. 보통은 지구의 그림자 위나 아래로 지나가요. 하지만 1년에 몇 번 정도는 지구의 그림자 안으로 들어가 버릴 때도 있답니다. 이때 월식이 일어나는 거예요. 옆의 그림은 월식 현상이 일어날 때 태양과 지구, 달의 위치를 나타낸 것이랍니다.

월식이 일어난 달의 모습

월식이 일어나 지구의 그림자에 가려진 달은 지구의 대기에 포함된 물질에 따라 다른 색을 띠어요. 어두운 회색을 띨 때도 있고, 빨간색을 띨 때도 있죠. 공기 중에 연기나 화산재가 많이 포함되어 있을수록 달은 더 붉은빛을 띤답니다. 그렇지 않은 날에는 어두운 회색을 띠죠.

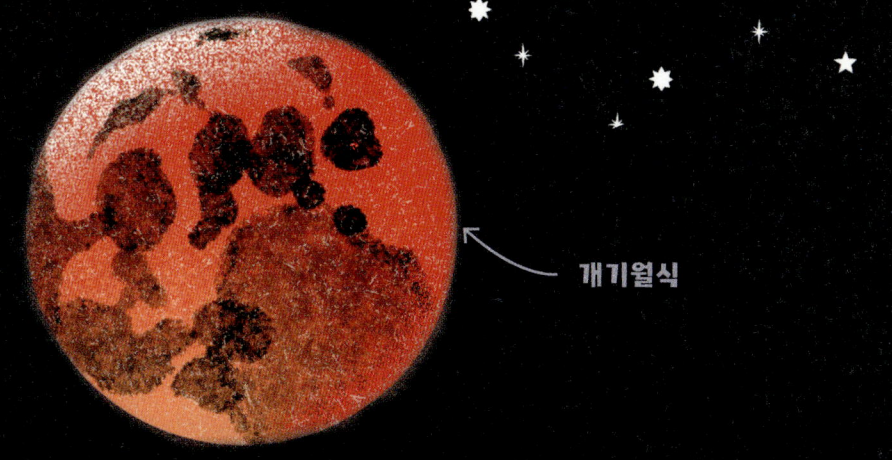

개기월식

개기월식과 부분월식

달이 지구의 그림자 속으로 완전히 들어갔을 때 '개기월식'이 발생한답니다. 달의 한 부분만 지구의 그림자에 들어가서 생기는 월식은 '부분월식'이라고 하죠. 부분월식이 일어나면 일부만 붉은빛이나 회색빛으로 변하고, 나머지는 흰색을 띤답니다.

월식 현상은 보름달일 때만 생긴답니다.

월식은 결코 위험한 현상이 아니랍니다.

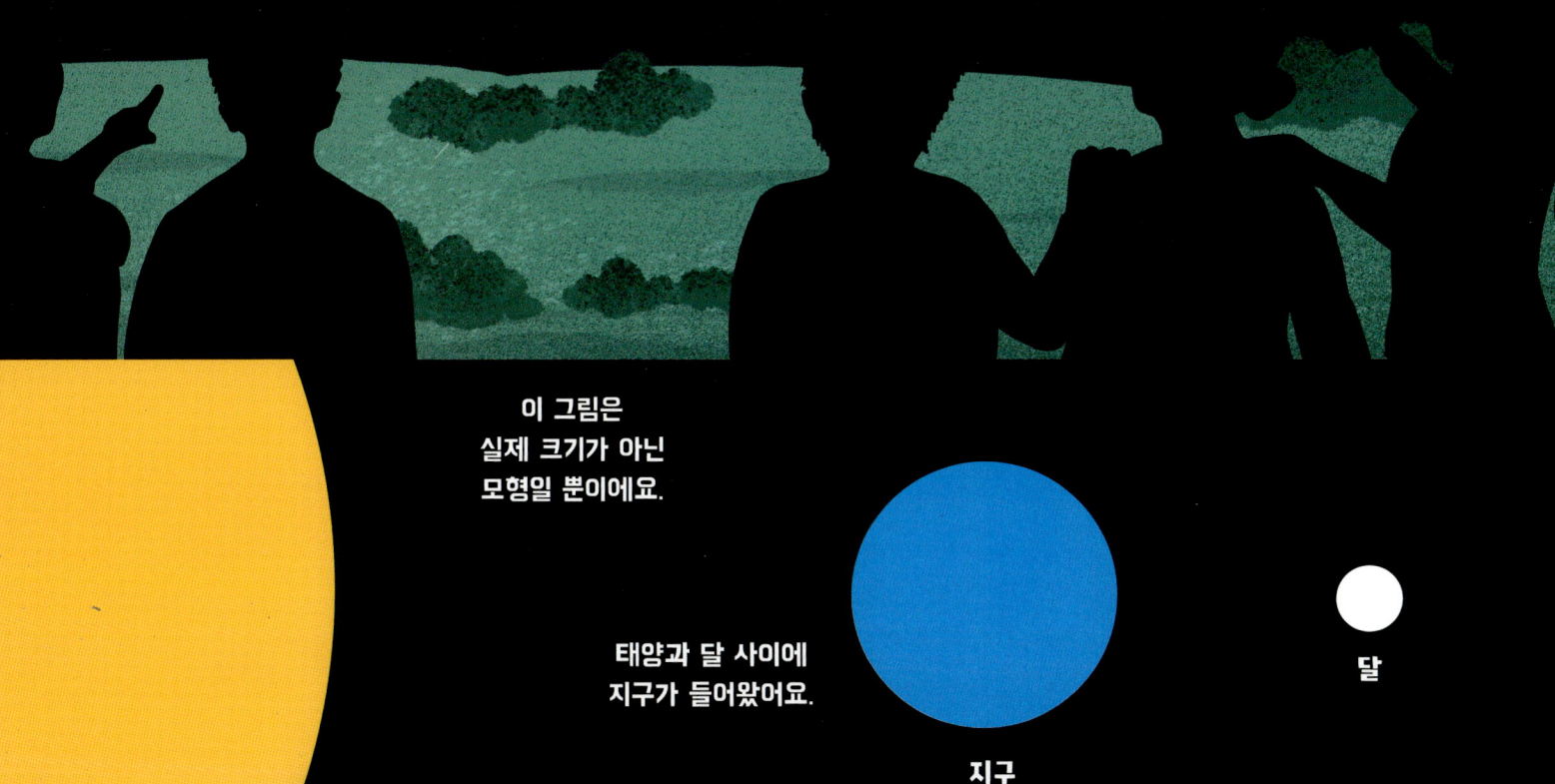

이 그림은 실제 크기가 아닌 모형일 뿐이에요.

태양과 달 사이에 지구가 들어왔어요.

태양

지구

달

밀물과 썰물

지구는 하루에 한 바퀴 스스로 회전해요. 지구가 회전할 때 달과 태양의 중력이 바닷물을 당기면 밀물과 썰물 현상이 생긴답니다. 달과 가장 가까운 쪽의 바닷물과 가장 먼 쪽의 바닷물은 달 쪽으로 당겨져서 해수면이 높아지는 만조가 되고, 달과 다른 선상에 있는 바다는 해수면이 낮아져서 간조가 되죠.

만조
달의 중력이 이 등대가 있는 지역을 더 강하게 끌어당겨요. 그래서 바닷물이 불룩해지죠. 이때가 만조 상태랍니다.

이 등대와 정반대에 있는 바닷물도 당겨져서 만조가 되지만, 달이 끌어당기는 힘이 약해서 덜 불룩해져요.

지구가 회전하여 등대가 지구의 옆구리 쪽으로 왔어요. 이때 등대가 있는 지역은 간조가 된답니다.

만조
이 등대 주변이 달과 가장 가까워질 때 하루의 첫 번째 만조가 돼요. 해수면이 높아진답니다.

이 배가 물에 뜰 수 있을 만큼 바닷물이 육지에 가깝게 밀려 들어왔어요.

6시간 후…
지구가 4분의 1 정도 회전했어요. 그래서 등대는 달의 인력을 강하게 받지 않게 됐죠. 그래서 바다는 간조 상태가 된답니다.

바닷물이 육지로부터 멀리 빠져나가 모래사장이 드러났어요.

달의 인력이 바닷물을 끌어당겨 밀물과 썰물을 일으키는 힘을 '기조력'이라고 해요.

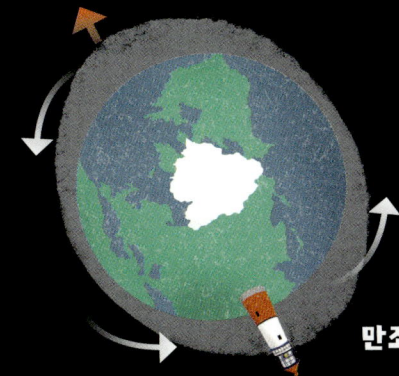

지구가 좀 더 회전해서 등대가 이제 달의 반대편에 있게 됐어요. 달이 당기는 힘은 덜하지만, 바닷물은 다시 불룩해진답니다.

만조

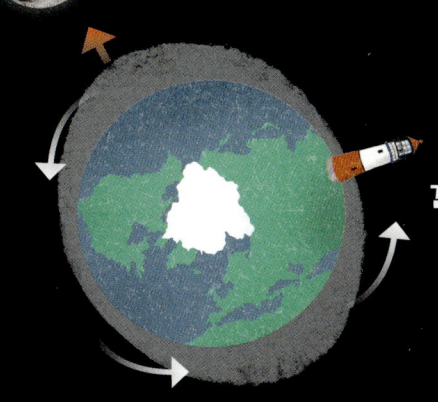

이제 지구는 한 바퀴를 거의 다 돌았어요. 등대가 있는 곳은 다시 간조가 된답니다.

간조

12시간 후…

이제 지구가 반 바퀴 회전했어요. 등대는 달의 반대편으로 왔죠. 이곳의 바다는 약한 기조력 때문에 다시 만조가 된답니다.

바닷물이 해안으로 다시 밀려 들어왔어요. 이 두 번째 만조는 첫 번째 만조보다는 해수면이 낮아요.

18시간 후…

지구가 4분의 3 정도 회전했어요. 이제 날은 저물어 어두워졌고, 바다는 다시 간조가 되었어요.

바닷물이 점점 빠져나가 해수면이 낮아져서 배가 모래사장 위에 얹혀버렸어요.

달에는 어떤 모양이 숨어 있을까요?

인간은 수천 년 동안 달을 바라보며 살아왔어요.
달 표면에는 '마리아'라는 어두운 바다 지형들이 있어요.
인간의 상상력은 이런 달의 밝고 어두운 부분이
어우러져 만들어내는 여러 모양을 보고
수많은 이야기와 전설, 신화를
만들어냈답니다.

달은 지구 주위를 돌면서 스스로 회전해요.
달이 스스로 한 바퀴 도는 데에는 약 27일 반이
걸린답니다. 그런데 달이 지구 주위를 한 바퀴 도는
데에도 약 27일 반이 걸려요. 신기한 일이죠!
그래서 항상 달의 한쪽 면만 지구를 향하고 있답니다.
이 면을 '달의 앞면'이라고 불러요. 반대로 지구에서는
볼 수 없는 반대쪽 면을 '달의 뒷면'이라고 해요.

이 면은 달의
앞면이에요.

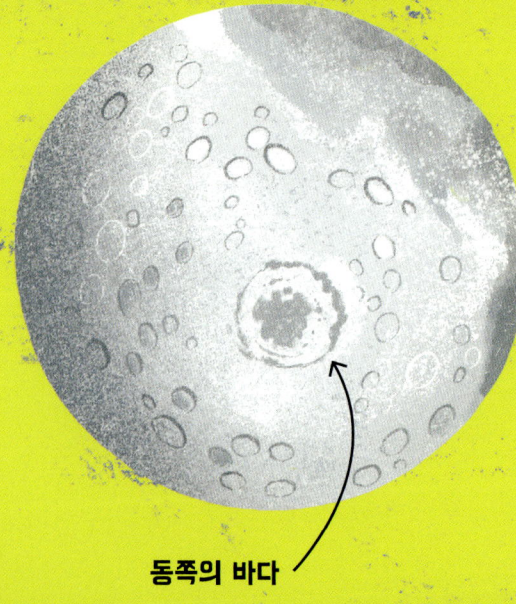

동쪽의 바다

어느 쪽 면이 보일까요?

지구에서는 달의 한쪽 면인
'달의 앞면'만 볼 수 있어요.
그래서 달에 관한 이야기를
할 때는 대부분 달의 앞면을
말해 왔어요. 달의 서편에는
'동쪽의 바다'라는 크레이터가
있는데, 지구에서는 관찰하기
어렵답니다. 만약 이 동쪽의
바다가 매일 밤 우리를 내려다보고
있었다면, 과연 우리는 달을 보고
어떤 이야기를 만들어냈을까요?

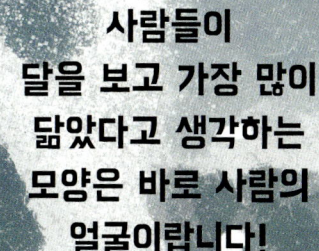

사람들이 달을 보고 가장 많이 닮았다고 생각하는 모양은 바로 사람의 얼굴이랍니다!

달의 앞면에는 수많은 크레이터와 마리아가 있어요.

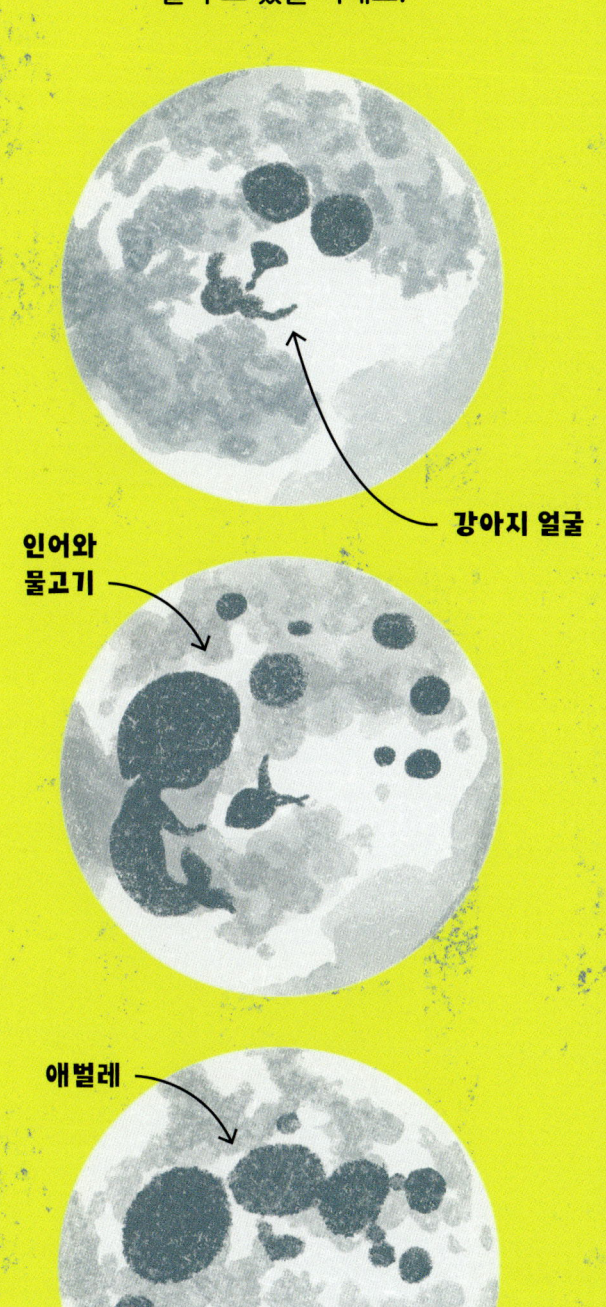

달에서 무엇이 보이나요?
달 표면을 자세히 관찰해보세요. 달의 마리아가 만들어내는 모양들이 아주 다양하답니다. 아래 그림은 몇 가지 모양을 예로 든 거예요. 여러분은 완전히 다른 모양을 볼 수도 있을 거예요!

강아지 얼굴

인어와 물고기

애벌레

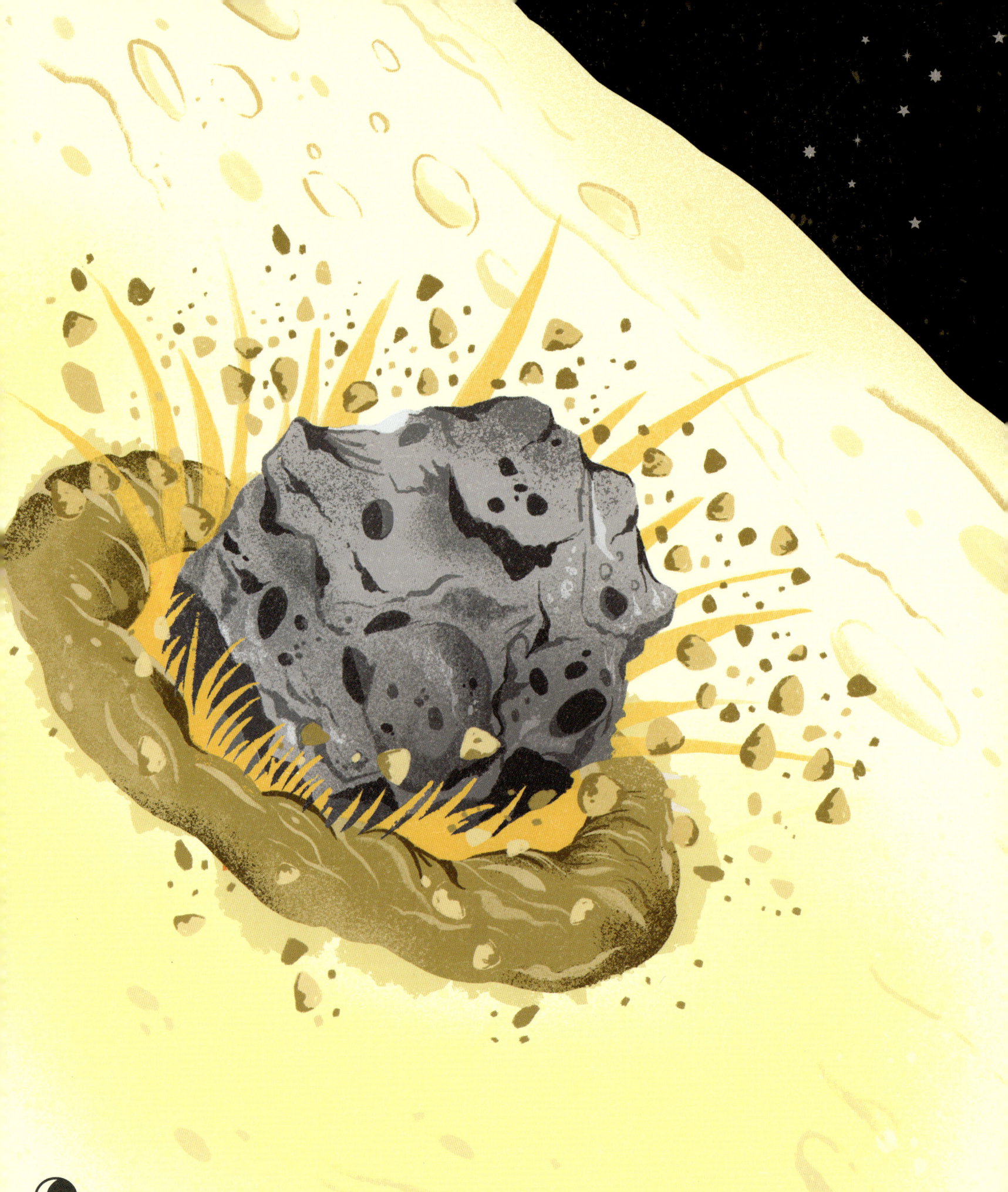

2장

달은 어떤 특징을 가지고 있을까요?

인간은 지금까지 수천 년이 넘는 시간 동안 달을 보며 살아왔어요.
그런데도 여전히 우리는 달에 관한 새로운 사실을
매일매일 배우고 있답니다.

지금부터 우리는 달에 있는 거대한 크레이터들과 오래된 화산 폭발 자국처럼
놀라운 달의 특징들을 함께 살펴볼 거예요. 우리 눈으로 쉽게 확인할 수 있는 것들도 있고,
망원경이나 카메라를 이용해야 볼 수 있거나, 우주 탐사선이 발견해 낸 것들도 있죠.
그럼 지금부터 함께 알아볼까요?

달은 무엇으로 만들어졌을까요?

갓 만들어진 달의 표면은 매우 뜨거워 암석들이 녹아내린 상태였어요. 비중이 가볍고 밝은색을 띤 광물은 표면으로 떠올랐어요. 긴 시간이 흐르면서 무겁고 어두운 색의 광물은 달 표면의 갈라진 틈으로 스며들어 달의 아름다운 검은 바다가 되었답니다.

달 표면의 어두운 영역을 '달의 바다(마레)'라고 해요. 여러 개의 바다를 부를 때는 '마리아'라고 한답니다.

마레

달을 관찰하던 천문학자들은 달 표면의 어두운 부분이 바다일지도 모른다고 여겼어요. 달의 바다를 뜻하는 '마레(mare)'는 바다(sea)라는 의미의 라틴어예요.

마리아에서 채취한 현무암 덩어리

마리아

달의 바다인 마리아에 있는 암석은 주로 현무암이랍니다. 달에만 있는 암석은 아니에요. 태양계의 내행성인 수성, 금성, 지구, 화성에도 있죠. 지구의 화산섬인 하와이섬이나 갈라파고스섬에서 쉽게 볼 수 있는 암석도 현무암이에요.

밝은 영역을
'달의 고지'라고 해요.

달의 고지

달 표면의 밝은 영역을 '달의 고지'라고 해요.
이 지역에는 '사장암'이라는 암석이 많아요. 사장암은
지구의 화강암 내부에서 많이 발견되는데,
동상을 만들 때 주로 사용한답니다.

← 고지

과학자들은 1960년대에서 1970년대에
있었던 아폴로 계획 때 가져온
암석들을 아직도 연구하고
있답니다.

← 고지에서 채취한
사장암 덩어리

달의 암석에는 희귀한 광물이
함유된 것도 있어요. 지구보다
먼저 발견된 광물이죠. 1969년
아폴로 11호가 달 탐사 임무를
마치고 돌아오면서 가져온
암석에서 발견된 아말콜라이트
(Armalcolite)는 인류 최초로
달에 발을 디뎠던 암스트롱
(Armstrong), 알드린(Aldrin),
콜린스(Collins)의 이름을 딴
광물이랍니다.

달이 치즈로 만들어졌다는
이야기가 동화책에 자주 나와요.
하지만 이것은 지어낸 이야기일
뿐이랍니다.

**달은 치즈로
만들어진 게 아니에요!**

33

크레이터란 무엇일까요?

우주를 떠도는 암석들은 끊임없이 태양계의 천체들에 부딪혀
표면에 구덩이를 만들어버려요. 달도 피할 수는 없겠죠.
달의 표면에 생긴 이런 구덩이들을 '크레이터'라고 한답니다.

다양한 크기의 암석들이 부딪혀요!

지구처럼 대기로 둘러싸인 행성들은 대기가 우주에서 날아드는 암석을 태워버리거나 파괴한답니다. 하지만 달에는 대기가 없어서 먼지 조각만큼 작은 것부터 집 한 채보다 큰 것까지, 다양한 크기의 우주 암석들이 표면에 부딪혀서 크레이터들을 만들어요.

먼저 생긴 크레이터 위에 암석이 또 떨어지기도 해요. 달에는 이렇게 크레이터 안에 또 크레이터가 생긴 곳이 많답니다.

유성체와 유성, 그리고 운석

이 세 가지 단어의 차이를 알고 있나요? 모두 우주에 있는 암석을 뜻하지만, 어떤 과정에 있는지에 따라 다르게 부른답니다.

- 우주에 떠다니고 있는 암석 덩어리를 유성체라고 해요.
- 행성의 대기를 통과하면서 타거나 부서지는 것을 유성이라고 해요. 달에는 대기가 없어서 유성을 발견할 수 없답니다.
- 대기층을 통과해 지표에 부딪히고 남아 있는 것을 운석이라고 해요.

유성체는 언제든지 달에 부딪힐 수 있어요!

온 사방이 크레이터예요!

달에는 크레이터가 셀 수 없을 만큼 많답니다. 달에는 대기가 없어서 바람, 비, 눈도 생길 수 없어요. 그래서 크레이터의 흔적들을 날려 보낼 수가 없죠. 한번 만들어진 크레이터는 그 자리에 다른 크레이터가 생기지 않고서는 절대 사라지지 않아요. 그래서 지구보다 달에 크레이터가 훨씬 더 많답니다.

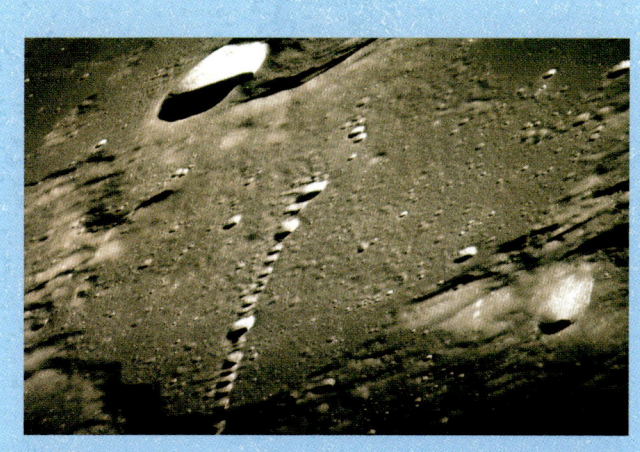

소행성이나 혜성이 달에 부딪힐 때 산산조각이 나면서 사슬 모양의 크레이터들을 만들기도 해요. 소행성 조각들이 달의 표면에 모두 차례로 부딪히면서 생긴 자국이죠.

1609년, 천문학자 갈릴레이가 망원경으로 달을 관찰하면서 달의 크레이터를 처음 발견했어요.

충돌 크레이터가 생기는 과정

달을 비롯해 암석으로 이루어진 태양계의 천체들에서 볼 수 있는 크레이터는 대부분 충돌 크레이터예요. 충돌 크레이터는 땅이 그릇 모양으로 움푹 팬 단순한 형태예요.

1 우주 암석이 다가오고 있어요!

유성체가 달과 부딪히려 하고 있어요. 이렇게 우주를 떠도는 상태의 우주 암석을 유성체라고 한답니다.

2 유성체가 달에 충돌했어요!

유성체가 매우 빠른 속도로 달에 충돌했어요. 충돌할 때 발생한 엄청난 힘이 진동이나 충격파로 달의 지면 아래에 전달돼요.

달의 표면 아래를 살펴볼 수 있어요

크레이터를 자세히 관찰하면 달의 표면을 만지거나 파헤치지 않고도 달의 표면 아래에 무엇이 있는지 볼 수 있답니다. 폭발 때문에 표면층이 뒤집히기 때문이죠. 마치 책을 펼치면 책의 표지가 가장 아래로 가고 속 페이지가 겉으로 드러나는 것처럼 표면 아래에 있던 것들이 드러난답니다.

3 폭발!

충돌로 인한 에너지가 거대한 폭발을 일으켰어요. 유성체는 부서지고 달 표면에는 커다란 구덩이가 생겼죠. 달과 운석의 파편 조각들이 사방으로 날아다녀요. 이 파편들을 '분출물'이라고 해요.

분출물 / 산산조각 난 표면

4 남아 있는 구덩이

달의 표면이 식으니 유성체와 충돌한 곳에 충돌 크레이터가 남았어요. 이제 이 크레이터는 수백만 년이 지나도 달에 남아 있을 거예요.

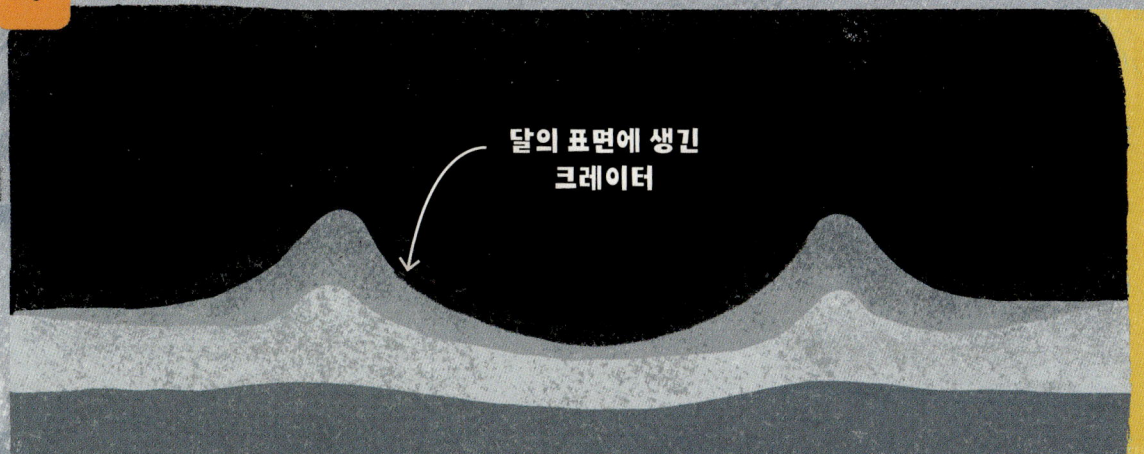

달의 표면에 생긴 크레이터

분지가 만들어지는 과정

유성체가 달 표면에 충돌하면서 발생한 에너지가 지면 아래로 퍼져나가요. 암석이 클수록 더 많은 에너지가 전달되죠. 이 에너지 충격파는 마치 수면에 물방울이 떨어졌을 때와 비슷한 형태로 땅속에 전달된답니다.

암석이 부딪힐 때의 충격으로 바닥 지형이 밀려 올라오고 암석 파편들이 밖으로 튀어 나가요.

크레이터가 너무 커서 단순한 모양을 유지할 수 없게 된 것을 '거대 크레이터'라고 해요.

거대한 크레이터는 다중 고리 분지라고도 부르는데, 여러 개의 고리 모양 지형이 크레이터 주위에 만들어졌기 때문이에요.

커다란 암석이 부딪힐수록 거대한 크레이터가 만들어져요.

암석이 부딪힐 때 발생한 충격파가 땅속으로 퍼져나가요.

물결 모양

분지 형태의 크레이터 주변에 나타나는 고리 모양은 조약돌을 물에 던질 때 나타나는 물결 모양과 비슷해요. 조약돌이 수면에 떨어지면, 떨어진 자리에는 구멍이 생기고 중심에서 멀어질수록 고리 형태가 점점 더 커지면서 퍼져나가죠. 달 표면에 운석이 충돌할 때도 비슷한 과정을 거쳐요. 운석이 달에 강하게 충돌할수록 충돌한 지점 주변의 암석들이 마치 물처럼 퍼져나간답니다.

거대 크레이터

달에는 '분지'라고 부르는 아주 커다란 크레이터들도 있어요. 유성체가 달에 충돌하면 표면에 커다란 구덩이가 생기는데, 이때 구덩이 주위로 암석들이 고리 형태로 솟아오르죠. 이렇게 형성된 달의 분지는 대부분 용암으로 채워져서 이 고리 모양이 보이지 않는답니다. 하지만 모두 그런 것은 아니에요! '동쪽의 바다'라는 의미의 '마레 오리엔탈레'라는 크레이터는 가운데 부분만 용암으로 채워져 있어서 황소의 눈처럼 생겼답니다. 암석 고리가 아직 남아 있는 거죠.

충돌한 지점이 다시 솟구치기도 해요

유성체가 강하게 충돌해서 에너지가 충분히 분출되면, 유성체가 충돌해 깊이 팼던 크레이터의 중심부가 다시 돌출되기도 한답니다.

티코 크레이터의 중심부

봉우리가 무너지기도 해요

거대한 유성체가 부딪히면, 중심부에 솟아올랐던 봉우리가 무너지면서 암석들이 물결처럼 바깥쪽으로 퍼져나가요.

동쪽의 바다
(마레 오리엔탈레)의 암석 고리

달의 생김새

달은 밤하늘에서 볼 수 있는 가장 밝은 천체예요. 게다가 지구와 가장 가까운 천체이기도 하죠. 그래서 눈에도 쉽게 띄고, 망원경으로도 쉽게 관측할 수 있답니다. 여러분이 직접 달을 관찰해본다면 아마 너무 아름다워서 입을 다물지 못할 거예요.

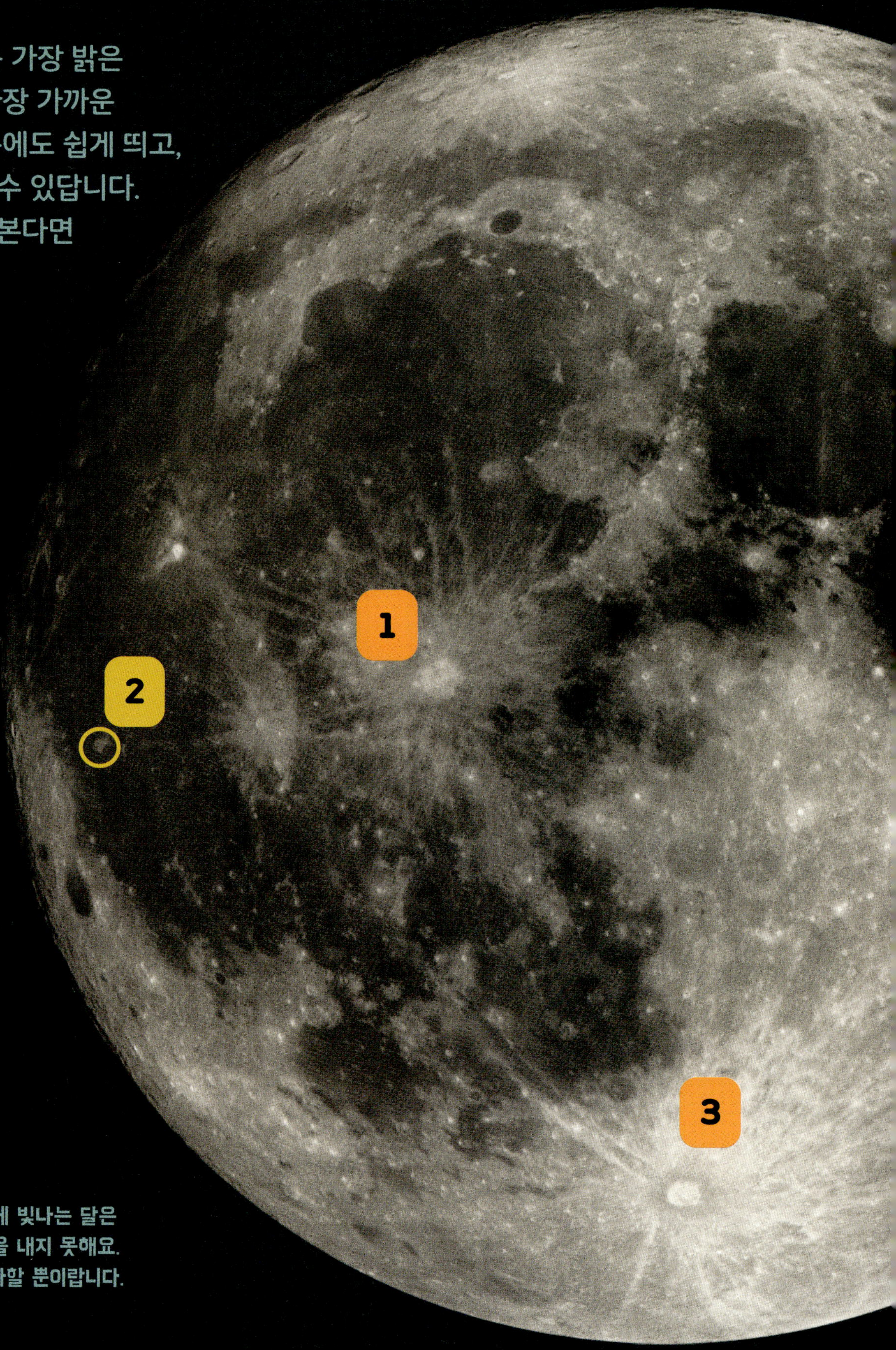

1. 코페르니쿠스 크레이터
2. 달의 소용돌이 (루나 스월)
3. 티코 크레이터
4. 고요의 바다

밤하늘에서 밝게 빛나는 달은 사실 스스로 빛을 내지 못해요. 태양의 빛을 반사할 뿐이랍니다.

맨눈으로도 달을 관찰할 수 있어요. 쌍안경이나 망원경이 있다면 더 자세히 볼 수 있답니다.

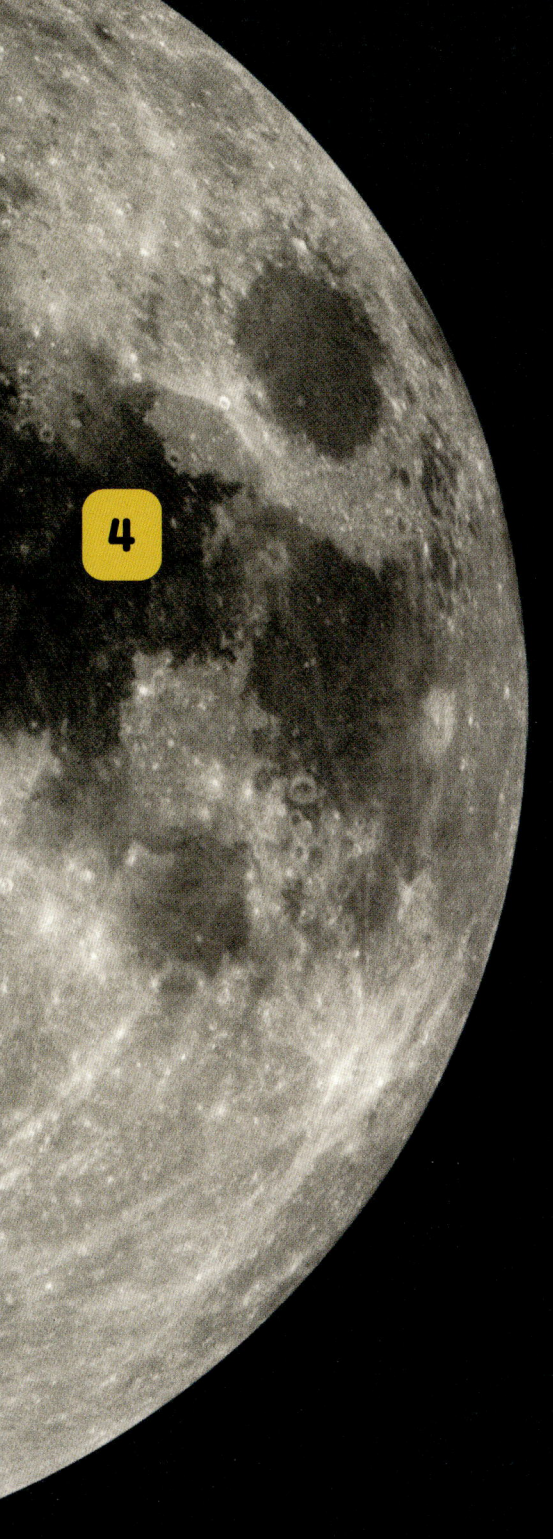

4

직접 관찰해보세요!

하늘이 맑은 날 밤에 달이 밝게 뜨면, 여러분이 직접 달을 관찰해보는 건 어때요? 달 표면에서 거대한 산맥과 깊은 골짜기, 커다란 크레이터들을 찾아보세요. 정말 멋지고 아름다운 광경일 거예요. 아래 사진들은 가장 신비로운 달의 지형들이에요. 여러분의 눈에도 보이나요?

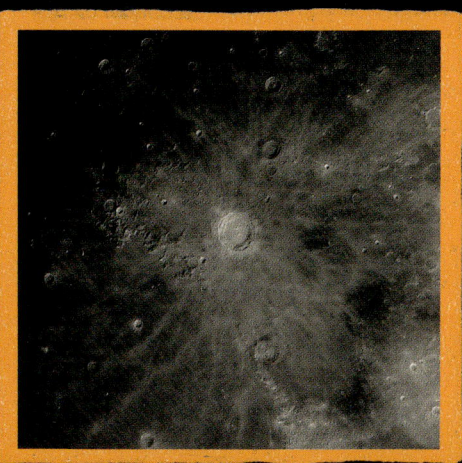

코페르니쿠스 크레이터
이 크레이터는 맨눈으로도 볼 수 있어요. 쌍안경이나 망원경으로도 당연히 찾아볼 수 있답니다.
이 크레이터가 처음 생겼을 때 파편들이 뻗어 나간 기다란 자국을 찾아보세요.

달의 소용돌이
이 신기한 현상은 망원경으로 볼 수 있어요. 과학자들은 이런 달의 소용돌이가 달에 있는 먼지들이 자기장에 둘러싸여 보호받고 있는 현상이라고 여기고 있답니다.

티코 크레이터
기다란 광선 모양 자국들이 사방으로 뻗어 나간 이 거대한 크레이터는 약 1억 8백만 년 전에 생겼답니다. 달에 있는 크레이터 중에는 상당히 젊은 편이에요. 다른 크레이터 대부분은 약 39억 년 전에 생겼으니까요.

고요의 바다
산으로 둘러싸인 이 거대한 바다는 인류가 처음으로 달에 발을 디뎠던 1969년에 아폴로 11호가 착륙한 곳이에요.

달의 화산활동

수십억 년 전, 지구가 막 태어났을 때 뜨거운 용암이 지표면을 뒤덮었어요. 달도 마찬가지였죠. 달 표면의 갈라진 틈 사이로 새어 나온 용암이 달 표면을 뒤덮었어요. 일부는 화산에서 분출되기도 했죠.

화산 유리

달에 있는 화산들은 한때 달 표면 위로 용암을 분출했어요. 진공 상태의 차가운 우주에 분출된 용암은 빠르게 식어 유리처럼 굳었어요. 우주비행사들이 달에서 가져온 흙 속에는 신비로운 오렌지색, 녹색, 검은색 유리구슬이 섞여 있었답니다. 과학자들이 이 유리구슬을 분석해 화산에서 분출된 용암이 식어서 만들어진 화산 유리라는 것을 알아냈어요.

표면으로 새어 나온 용암이 식어서 단단하고 어두운 암석이 되었어요.

용암이 흐른 자국

달의 용암은 표면의 갈라진 틈에서 새어 나와 크레이터 같은 낮은 구덩이를 채웠어요. 이 과정을 '화산의 범람'이라고 한답니다. 이 작용으로 달의 광활한 어두운 영역이 만들어졌어요. 이 영역을 '달의 바다', 즉 '마리아'라고 불러요.

화산 폭발로 분출된 용암도 있어요.

용암 동굴

달을 비롯한 암석으로 이루어진 행성에서 분출된 용암은 지하로 흘러 들어가 '용암 동굴'이라는 터널 지형을 만들어요. 시간이 지나 흘러내리던 용암이 멈추고 모두 빠져나가면, 속이 빈 동굴이 되죠.

- 무너진 용암 동굴
- 무너진 용암 동굴

달에 있는 동굴

달 표면을 관찰하던 과학자들이 이런 구멍을 발견했어요. 용암 동굴의 입구였죠. 이 용암 동굴의 내부는 인간이 들어갈 만큼 컸어요. 언젠가는 인간들이 달에 있는 이 동굴 안에서 살 수 있지 않을까요?

- 동굴의 입구

미래에는 우주비행사들이 탐사용 로버로 동굴 입구를 조사할 수 있을 거예요.

인간은 아직 달에 있는 동굴에 들어가 보지 못했어요. 하지만 들어갈 방법을 연구 중이랍니다.

탐사용 로버에 달린 작은 탐사용 카메라를 동굴 내부로 집어넣을 수 있을 거예요.

달에 있는 동굴에서 산다면 기분이 어떨까요?

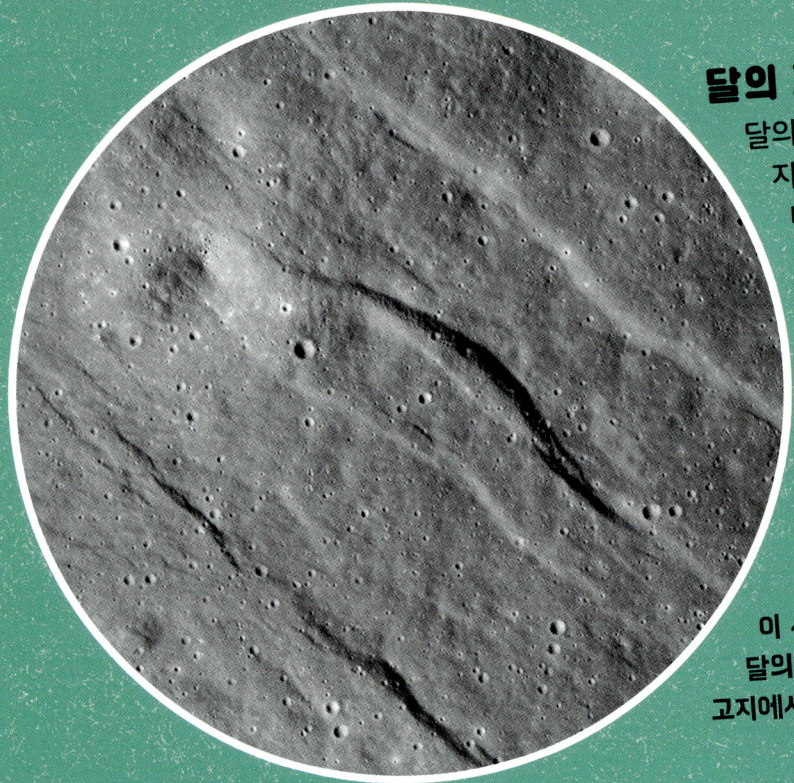

달의 그라벤

달의 표면이 계속 확장되어 늘어나면 지형이 갈라져서 양쪽으로 떨어져 나가게 돼요. 이렇게 생긴 틈새로 달 표면이 내려앉아 '그라벤'이라는 계곡 지형이 된답니다.

이 사진 속 그라벤은 달의 뒷면에 있는 고지에서 발견되었어요.

달 표면은 변하고 있답니다

달이 생겨난 지 45억 년이 지난 지금도 달 표면은 크레이터가 생기고 하루하루 오그라들어 주름살이 늘어가고 있어요. 과학자들은 달의 핵이 지금도 여전히 하루하루 식어가고 있어서 달의 표면이 변하고 있다고 생각해요. 이처럼 달이 변하고 있는 덕분에 지구의 과학자들은 망원경과 우주선을 통해 찾아낸 달의 새롭고 흥미로운 변화를 연구하고 배우고 있죠. 달은 끊임없이 변화하는 살아 있는 세계랍니다.

달의 지진

1960년대와 1970년대에 달을 탐사했던 아폴로 계획의 우주비행사들은 달에도 지진이 일어나는지 알아보기 위해 달에 지진계(지면에 발생하는 진동을 탐지하는 기구)를 남기고 돌아왔어요. 달에서 일어나는 지진은 달이 끊임없이 수축하고 있다는 의미예요. 또한, 유성체가 충돌해 지진이 발생하기도 한답니다.

달의 주름

이 구불구불한 뱀 모양의 지형은 달의 마리아를 가로질러 생겨나요. 과학자들은 마리아를 가득 채웠던 용암이 식어 달 표면이 오그라들면서 생겨났다고 여긴답니다. 이 지형은 길이가 402.3km까지 뻗어 있으며 가장 높은 곳은 304.8m에 달해요.

추위의 바다(마레 프리고리스)에서 발견된 달의 주름

달의 비탈

시간이 갈수록 달의 내부 핵이 식으면서 달의 크기는 줄어들고 있어요. 그래서 달 표면이 부서지기도 하고 서로 겹쳐지기도 하죠. 이렇게 만들어진 비탈 형태의 지형을 '열상 절벽'이라고 해요. 이 비탈 지형은 수성이나 다른 몇몇 행성에서도 발견되는 특징이랍니다.

이 사진은 달 궤도선(LRO)이 추위의 바다(마레 프리고리스) 근처에서 찍은 사진이에요.

45

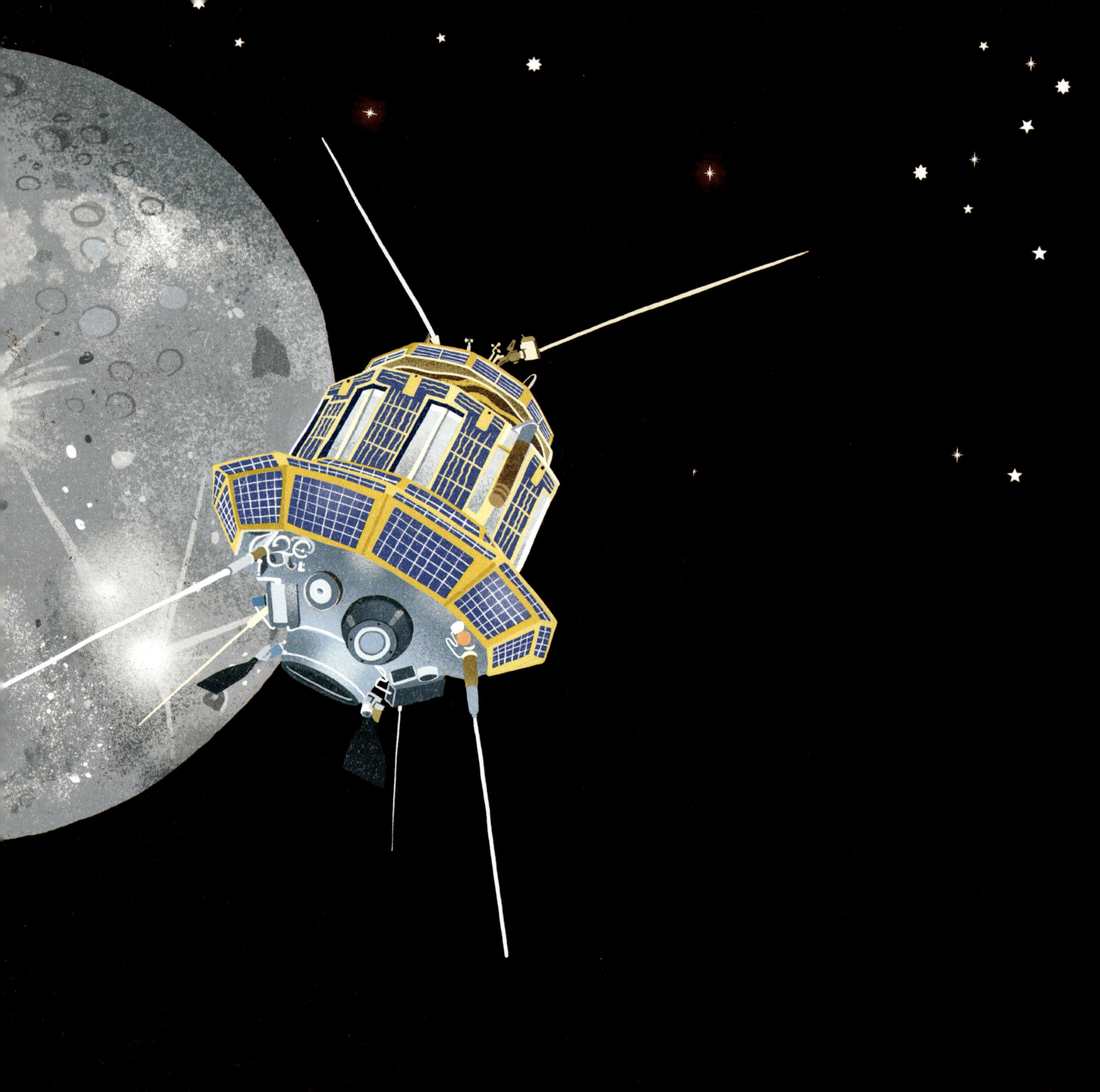

3장

과거와 현재, 그리고 미래의 달 탐험은 어떤 모습일까요?

달은 태양계에서 지구 다음으로 인간에게 친숙한 세계랍니다.

인류는 지구에서 달을 연구하는 데 그치지 않고 탐사 우주선을 달에 보냈으며, 결국에는 인간이 직접 달 표면을 딛고 서기까지 했어요. 달 탐사는 인류가 이룩한 위대한 업적이랍니다. 인류가 달에 관해 더 많이 알게 될수록 궁금한 것도 많아졌어요. 지금부터 우리는 인류의 위대한 발견에 관해 알아보고 미래의 달 탐험은 어떤 모습인지 살펴볼 거예요. 그럼 함께 가 볼까요?

신비로운 공

망원경이 발명되기 훨씬 전인 1600년대의 과학자들과 철학자들은 달을 하늘에 떠 있는 동그랗고 매끄러운 유리 공으로 생각했답니다. 달을 신이라 믿은 사람들도 있었죠. 달이 또 하나의 세상이라 믿은 사람은 아무도 없었답니다.

우리 세상 너머의 세상

1609년, 이탈리아의 천문학자 갈릴레오 갈릴레이는 망원경으로 달을 관찰했어요. 갈릴레이는 달에도 산과 계곡, 그리고 바다가 있다는 것을 발견했죠. 갈릴레이는 우리 세상 너머에도 다른 세상이 있다고 믿게 되었답니다.

갈릴레이는 망원경을 통해 본 달의 모습을 그림으로 그렸어요.

과거에는 달을 어떻게 생각했을까요?

기술이 발전하면서 우리는 달에 관해 더 많이 알게 되었어요. 하지만 달이 무엇인지 전혀 모른다면 어떨까요? 밤하늘에 빛나고 있는 저것은 대체 뭘까요? 사람들은 밤하늘에 떠 있는 이 신비한 물체를 저마다 온갖 방식으로 상상하고 말해 왔어요. 달나라로 여행을 떠나는 것은 동화책에서만 가능한 것이었죠. 하지만 과학자들은 그 상상을 현실로 만들어버렸답니다!

비의 바다
맑음의 바다
고요의 바다
폭풍의 대양
구름의 바다

달의 바다에 이름 짓기

"달이 차오르면 날씨가 맑고, 달이 기울면 날씨가 흐리고, 비가 오고, 폭풍이 분다. 달이 기우는 것은 좋지 않은 징조다."라는 말이 전해 내려왔어요. 1600년대의 천문학자 조반니 리치올리와 프란체스코 그리말디는 이 말에 영감을 받아 달의 바다에 이름을 지었어요. 이들은 최초로 달의 지형에 이름을 붙인 지도를 만들었답니다.

달을 향해 발사!

프랑스의 작가 쥘 베른은 세 사람이 대포에 타고 달을 향해 발사되는 내용의 소설을 썼어요. 로켓이 발명되기도 전이었죠. 바로 1865년에 발간된 『지구에서 달까지』라는 소설이었어요.

로켓 발사!

1920년, 미국의 과학자 로버트 고더드는 액체 연료 로켓을 발명했어요. 그는 달을 향해 이 로켓을 쏘아 올리려 했죠. 1926년, 마침내 로켓을 완성해 달을 향해 쏘아 올렸어요. 하지만 달까지는 가지 못했어요. 겨우 12.5m만 날아올랐을 뿐이죠. 하지만 덕분에 인류는 로켓을 이용해 우주를 탐사하는 위대한 여정을 시작하게 되었답니다.

49

우주선은 어떻게 달을 탐사할까요?

인간이 직접 우주로 나가는 것보다 우주선을 보내는 편이 우주를 훨씬 쉽고 안전하게 탐험할 수 있어요. 그래서 과학자들은 다양한 우주선을 이용해 달을 탐사한답니다. 우주선들은 서로 조금씩 다른 역할을 해요. 각자 수행한 역할을 모두 모으면 하나의 완전한 그림이 되죠. 착륙선과 탐사선이 달 표면에서 데이터를 모으는 동안, 어떤 우주선은 하늘에서 달을 내려다보며 정보를 수집하기도 한답니다.

근접 비행선

달 주변을 스쳐 지나가면서 탐사하는 우주선이에요. 달을 지나쳐 날아갔던 최초의 우주선은 1959년에 발사된 루나 1호랍니다. 2017년에는 오시리스-렉스호가 소행성으로 날아가던 도중에 달을 스쳐 지나갔어요.

갈릴레오호

갈릴레오호는 달을 거치고 목성의 주요 위성들을 스쳐 지나가며 탐사했어요.

발사!

로봇들은 모두 로켓을 타고 달에 간답니다. 달에 가기 위해 커다란 로켓들이 세계 곳곳에서 만들어졌어요.

로켓

표본 운반

탐사선과 착륙선은 달에서 채취한 암석 표본을 지구의 실험실로 보내는 장비를 탑재하고 있어요.

낙하산이 달린 장비가 표본을 싣고 지구에 착륙하면, 착륙한 곳으로 헬리콥터를 보내 표본을 회수해요.

지구

궤도선

달의 많은 부분을 한꺼번에 탐사하는 가장 좋은 방법은 달의 궤도를 도는 거예요. 궤도선은 달 주위를 몇 년 동안 돌면서 달 표면의 고지와 크레이터들의 사진을 찍어요. 달의 궤도를 돌기 때문에 태양이 어느 쪽에 있든 달 표면을 밝게 찍을 수 있답니다.

'셀레네'는 '카구야'라는 일본식 이름으로도 불려요.

일본에서 발사한 궤도선 '셀레네'는 달의 표면과 기원을 연구하기 위해 발사되었답니다.

달의 뒷면

충돌선

과학자들은 단순히 달의 표면에 무엇이 있는지 알고 싶은 게 아니랍니다. 달 내부에 무엇이 있는지도 알고 싶어 하죠. 그래서 달 표면에 우주선을 충돌시켜서 튀어나오는 파편들을 수집해 연구에 사용한답니다.

충돌선 센타우르

엘크로스호는 센타우르라는 충돌 로켓을 달에 발사하여 파편 구름을 만들었어요. 이 구름 속을 엘크로스호가 통과하면서 자료를 수집했답니다.

우주선 엘크로스

착륙선과 탐사선

여러 우주선이 찍은 사진도 매우 유용한 자료이지만, 과학자들은 달의 표면과 그 아래에 무엇이 있는지 더 자세히 보고 싶어 한답니다. 그래서 과학자들은 지구와 교신할 수 있는 착륙선과 탐사선을 보내 달을 탐사하죠.

착륙선

착륙선은 달의 방사능과 지진 등을 연구해요.

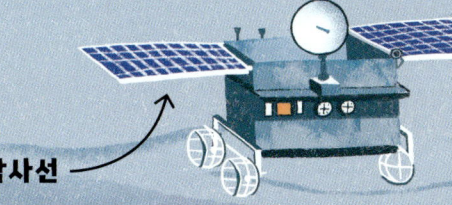

탐사선

탐사선은 달 표면을 넓게 돌아다니며 달의 암석과 지형을 탐사해요.

달의 뒷면에는 무엇이 있을까요?

달의 뒷면은 우리가 볼 수 있는 달의 앞면과 매우 다르답니다. 마리아는 더 적고, 크레이터는 훨씬 많죠. 과학자들은 그 이유를 밝히기 위해 열심히 연구하고 있답니다.

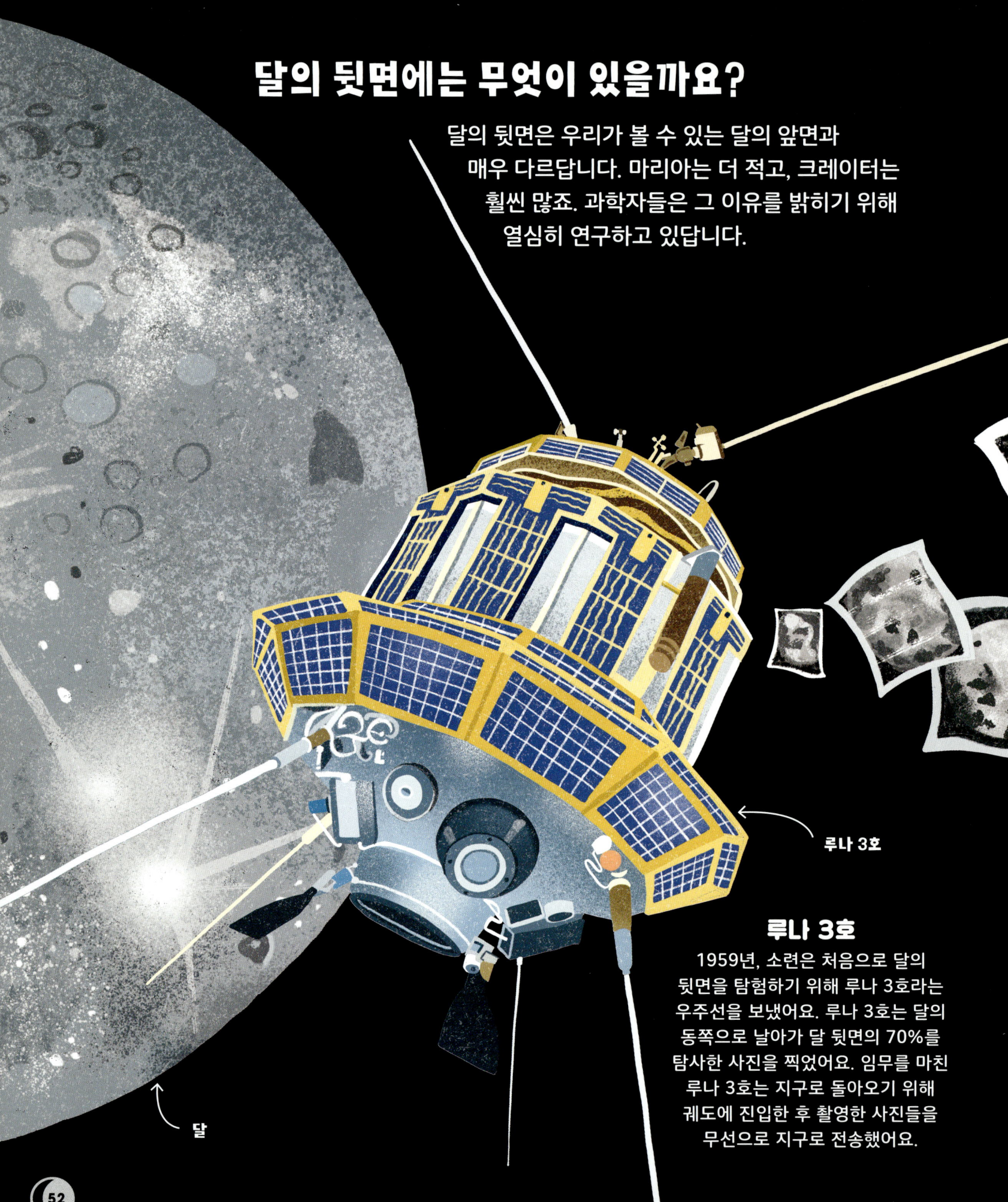

루나 3호

루나 3호

1959년, 소련은 처음으로 달의 뒷면을 탐험하기 위해 루나 3호라는 우주선을 보냈어요. 루나 3호는 달의 동쪽으로 날아가 달 뒷면의 70%를 탐사한 사진을 찍었어요. 임무를 마친 루나 3호는 지구로 돌아오기 위해 궤도에 진입한 후 촬영한 사진들을 무선으로 지구로 전송했어요.

달

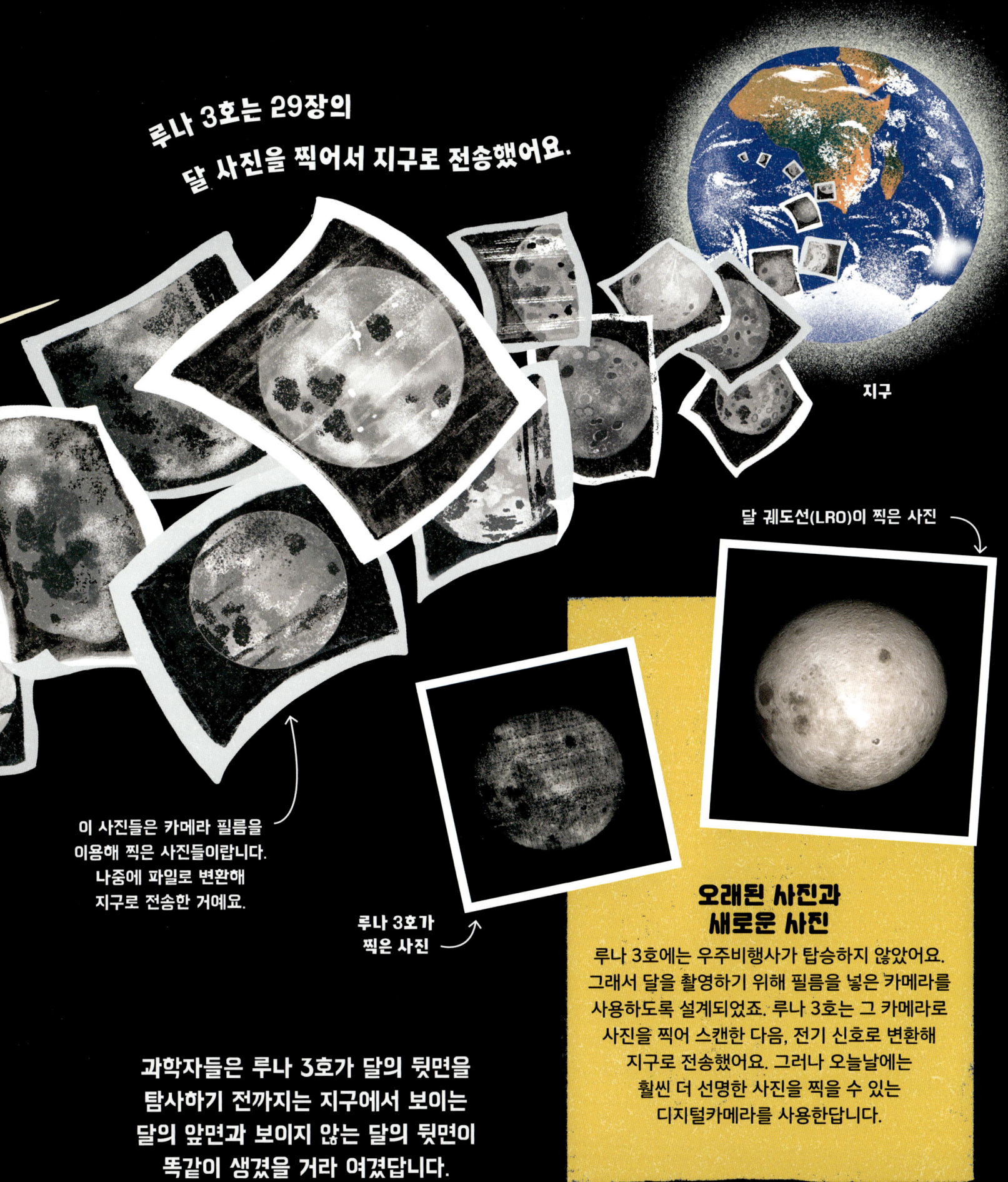

달에 가까이 가기 위한 노력

1960년대 이후, 지구에서 달을 바라보기만 하는 것에 만족하지 못한 인류는 다른 방법을 찾기 시작했어요. 달 표면을 직접 만지고 가까이 가서 사진도 찍고 싶었죠. 그래서 우주선을 개발해 달로 보내기 시작했어요. 이런 역사적인 탐사 임무를 통해 차곡차곡 쌓인 자료들은 과학의 발전과 미래의 탐사 임무를 계획하는 데 사용되고 있답니다.

레인저 7호가 촬영한 달 표면 사진

레인저 7호
NASA가 만든 우주 탐사선 레인저 7호는 1964년에 미국에서 로켓에 탑재되어 발사되었어요. 레인저 7호는 달 표면에 충돌하기 전까지 4,308장의 사진을 찍는 데 성공했죠.

로켓 '주노 1호'

주노 1호
달에 가려면 일단 지구를 벗어나야겠죠? 인공위성을 우주로 운반했던 최초의 로켓은 1958년에 발사된 주노 1호였어요. 함께 날아간 인공위성은 익스플로러 1호였답니다.

루나 9호

1966년에 소련이 발사한 루나 9호는 처음으로 우주의 다른 천체 표면에 착륙한 우주선이었어요. 덕분에 과학자들은 달의 표면이 우주선이 착륙할 수 있을 정도로 단단하다는 사실을 알게 되었죠. 이전까지는 힘들게 보낸 우주선이 먼지가 뒤덮인 표면 속으로 가라앉아버릴까 봐 걱정이 많았거든요. 루나 9호는 달 표면에 안착해 달의 암석과 지형 사진들을 많이 찍었답니다.

루나 오비터 1호

루나 오비터 1호는 1966년에 미국이 발사했어요. 앞으로 진행될 아폴로 계획을 위해 우주선이 착륙할 수 있는 장소들의 사진을 찍는 것이 목표였죠. 그래서 사람 키만 한 거대한 카메라를 달고 달을 향해 날아갔어요. 루나 오비터 1호는 320만 ㎢에 달하는 달의 지역을 촬영하는 데 성공했어요.

서베이어 3호

1967년에 발사된 이 우주선은 땅을 파내는 기구를 탑재하고 달에 착륙했어요. 착륙한 곳에서 1.5m 떨어진 곳에 17.8㎝의 깊이로 땅을 파내고 표본을 채취했어요. 지구의 과학자들은 서베이어 3호에 탑재된 TV 카메라를 통해 달의 표면에서 발견한 것을 생생하게 관찰할 수 있었죠.

아폴로 계획

1961년, 미국의 존 F. 케네디 대통령은 유능한 과학자, 공학자들과 함께 인간을 달에 착륙시키기 위한 도전을 시작했어요. 바로 아폴로 계획이었죠. 1969년, 마침내 그 꿈은 실현되었답니다.

달 착륙선 오리온호는 우주비행사들을 태우고 달 표면에 착륙했어요.

우주비행사들은 미국 국기를 달 표면에 꽂았답니다.

아폴로 계획의 타임라인

1968. 12. 21~27. 아폴로 8호
우주비행사를 태우고 달 주위를 열 바퀴 도는 임무였어요. 이 우주비행사들은 최초로 달의 뒷면을 직접 본 인간이 되었죠.

1969. 5. 18~26. 아폴로 10호
아폴로 11호 달 착륙 임무를 위한 연습을 했어요. 실제 착륙을 제외하고 모든 것을 연습했죠.

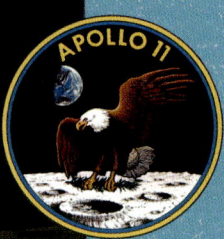

1969. 7. 16~24. 아폴로 11호
우주비행사 암스트롱과 알드린이 달에 착륙했어요. 달에 내린 첫 번째 인류가 되었죠. 함께 임무를 수행한 콜린스는 공중에서 두 사람의 착륙을 지원했어요.

1969. 11. 14~24. 아폴로 12호
우주비행사들이 달 표면 관측 장비들을 최초로 설치했어요. 이 장비들은 자동으로 움직이면서 달을 탐사했어요.

1970. 4. 11~17. 아폴로 13호
임무 수행 중에 산소 탱크가 고장 나는 바람에 달에 착륙하지 못하고 지구로 귀환했어요. 하지만 NASA는 이 임무를 '성공적 실패'라고 선언했죠.

아폴로 계획에 사용된 우주선들

아폴로 계획은 36층 건물 높이의 새턴 V 로켓을 발사하면서 시작되었어요. 새턴 V 로켓의 엔진과 연료 탱크 위에는 사령선과 달 착륙선이 탑재되어 있었어요. 사령선은 달 주위를 돌며 임무를 지시했고, 우주비행사를 태운 달 착륙선은 달 표면에 착륙하는 데 성공했답니다.

새턴 V 로켓

사령선

달 착륙선

이 사진은 1972년에 이루어진 아폴로 16호 임무 사진이에요.

우주비행사 존 영이 착륙선에서 내리는 장면이에요. 찰스 듀크라는 우주비행사가 촬영한 사진이랍니다.

1971. 1. 31 - 2. 9. 아폴로 14호

우주비행사들이 나무 씨앗들을 가지고 달에 갔어요. 지구로 귀환하는 길에 달에 가지고 갔던 씨앗들이 싹을 틔우기 시작했죠. 이 씨앗들을 '달나무'라고 부르며 지구에 심었답니다.

1971. 7. 26 - 8. 7. 아폴로 15호

우주비행사들이 '월면 주행차'를 타고 달의 암석을 수집했어요. 달의 궤도를 돌며 여러 가지 실험을 하기도 했죠. 작은 인공위성을 발사하기도 했어요.

1972. 4. 16 - 27. 아폴로 16호

우주비행사들이 지금까지의 임무 중에서 가장 커다란 달 암석을 채취해 지구로 돌아왔어요. '빅 멀리'라는 별명이 붙은 이 암석은 무게가 12kg에 달했답니다.

1972. 12. 7 - 19. 아폴로 17호

우주비행사 해리슨 슈미트는 달에 착륙한 최초의 지질학자였어요. 그는 달의 암석들을 채취해 지구로 돌아와 연구를 계속했답니다.

달에서의 하루

달에서의 하루는 지구에서의 29.5일과 같아요. 약 한 달이나 된답니다. 달의 한쪽 면은 항상 지구를 향하고 있으므로 달의 앞면에 서 있다면 항상 지구를 볼 수 있어요. 달의 뒷면에 있다면 절대 지구를 볼 수 없죠. 달의 앞면에 서서 지구를 보고 있으면, 지구에서 달을 볼 때 달의 위상이 변하는 것과 마찬가지로 위상이 변하는 지구를 볼 수 있답니다. 달에서 하루를 보낼 수 있다면 지구에서 하루를 보내는 것과는 너무나도 다른 경험을 하게 될 거예요.

지구에서의 한 달은 달에서의 하루와 같아요.

여러분이 우주비행사가 되어 달에 서 있다고 상상해보세요. 무엇이 느껴지나요?

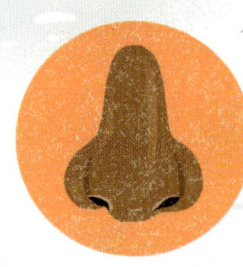

후각
우주비행사들은 달에서 화약 냄새가 난다고 했어요. 하지만 냄새를 맡으려고 우주복 헬멧을 벗을 수는 없겠죠?

시각
달에서는 세상이 흑백영화의 한 장면처럼 보일 거예요. 달 표면의 암석들 때문에 모든 것이 회색빛으로 보일 테니까요.

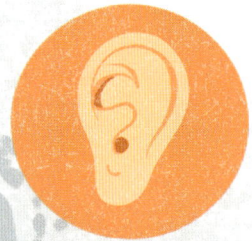

청각
달에는 공기가 없어요. 그래서 소리가 전달되지 않아요. 우주비행사들은 무선 전파로 서로 교신하기 때문에 공기가 없어도 대화를 나눌 수 있죠.

길고 긴 낮과 밤

달에서는 하루가 너무 길어요. 태양이 떠 있는 낮이 2주 동안이나 계속되고, 햇빛이 전혀 없는 밤이 2주 동안이나 계속된다고 생각해보세요. 만약 인간이 달에 살게 된다면 이렇게 긴 하루에 적응하는 방법을 찾아야 할 거예요.

별이 보이나요?

달에서는 지구와 달리 태양을 마주하지 않는 한, 낮이나 밤이나 별을 볼 수 있답니다.

태양

촉각

달에 있는 암석이나 먼지, 모래는 매우 까칠까칠해서 피부가 상할 수 있어요. 그래서 맨손으로 만지면 안 된답니다. 달은 지구보다 중력이 약하기 때문에 몸이 더 가벼워질 거예요.

미각

우주에 머물렀던 우주비행사들은 우주에서는 음식이 더 싱겁게 느껴진다고 했어요. 우주에 갈 때는 소금을 좀 가져가면 좋겠네요!

지구로 가져온 달의 암석

과학자들은 달에서 지구까지 먼 거리를 여행한 달의 암석들로 달을 연구한답니다. 이 암석들은 여러 가지 방법으로 지구에 왔어요. 1960년대의 아폴로 우주비행사들이 수집해 온 암석들도 있고, 로봇들이 표본으로 수집해 온 것들도 있죠. 과학자들은 이 암석들이 어디서 수집한 것인지 알고 있어요. 하지만 운석이 되어 지구에 떨어진 것들은 달의 어느 곳에서 왔는지 알 수가 없어요. 과학자들은 이 암석들을 조사하여 달이 무엇으로 만들어졌는지, 어떻게 만들어졌는지, 어떻게 변해왔는지 알아내려고 열심히 연구하고 있답니다.

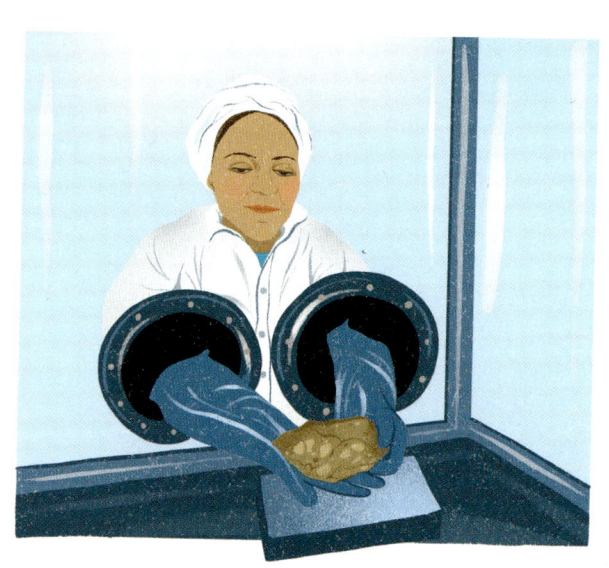

연구실에서는…
지구에 있는 연구원들은 달에서 채취한 암석들을 매우 조심스럽게 다룬답니다. 지구의 환경이 암석의 성질을 바꿔 버리면 큰일이니까요.

아폴로 우주비행사들이 가져온 표본
아폴로 우주비행사들은 달에서 2,200개의 암석과 흙 표본을 수집했어요. 총 381.9kg이나 되는 양이죠. 우주비행사들은 지구의 과학자들이 달 표면을 연구하는 데 사용할 수 있도록 수집한 표본들을 지구로 보냈어요.

달의 암석을 연구하면 암석이 있던 곳의 역사와 화학적 성질을 알 수 있답니다.

쾅!

우주를 떠돌던 암석들이 달에 충돌하면 달의 표면에 크레이터가 생겨요. 그럴 뿐만 아니라 달 표면이 깨져 파편들이 우주로 날아가 버리기도 하죠. 이런 달의 암석 조각들은 지구로 떨어지기도 하는데, 이것을 우리는 달 운석이라고 해요.

우주를 떠돌던 암석 덩어리
달
달의 암석 조각

남극에서 발견된 달 운석

1982년, 지구의 남극 대륙에서 운석이 발견되었어요. 이 운석은 달에서 온 것으로 밝혀졌답니다! 과학자들은 이 운석을 분석해 아폴로 우주비행사들이 달에서 가져온 암석과 비슷한 성분이라는 것을 밝혀냈죠.

사막에서 발견된 달 운석

수백 개의 달 운석이 지구에서 발견되었답니다. 대부분은 사막 지역에서 발견되었죠. 이 운석들이 달의 어느 부분에서 떨어져 나온 것인지는 알 수 없어요.

달의 지도를 만들어 볼까요?

달을 탐사하는 우주선들은 시간이 갈수록 놀라울 만큼 선명하고 자세한 달의 사진을 찍어서 전송해주고 있어요. 게다가 레이저와 레이더 같은 장비들로 찍은 사진들을 지도로 그려낼 수 있게 되었어요. 덕분에 우리는 달에서 가장 더운 곳과 추운 곳, 가장 깊은 곳과 높은 곳이 어디인지 알 수 있게 됐어요. 달에 관해 더 많이 알게 되었답니다.

달 궤도선

달의 지형도

1994년에 이루어진 NASA의 '클레멘타인' 임무로 인류는 처음으로 달 전체의 지도를 자세하게 그려냈답니다. 클레멘타인호에는 지형의 고도를 관측하는 장비가 탑재되어 있었어요. 달에서 가장 큰 충돌 분지이자 달의 남극이라고도 불리는 에이트켄 분지가 달의 뒷면에서 발견되어 지도에 표시되기도 했어요. 2009년 달 궤도선 임무가 시작되기 전까지 15년간 가장 훌륭한 달의 지형도 역할을 했답니다.

달의 중력도

NASA의 'GRAIL' 임무는 '에브(썰물)'와 '플로우(밀물)'라는 두 쌍둥이 탐사선으로 변화하는 달의 표면 중력을 지도로 그려내는 것이었어요. 두 탐사선은 끊임없이 통신을 주고받으며 서로의 위치를 확인했죠. 한 탐사선이 중력이 강한 곳을 지나가다 달의 표면 쪽으로 끌려가면 다른 탐사선이 서로의 거리가 멀어진 것을 확인하여 지구의 과학자들에게 알렸어요. 또한, 두 탐사선이 지구에서 얼마나 떨어진 곳에 있는지도 전달해 주었죠. 이런 방식으로 중력 지도를 그려냈답니다.

에브호

플로우호

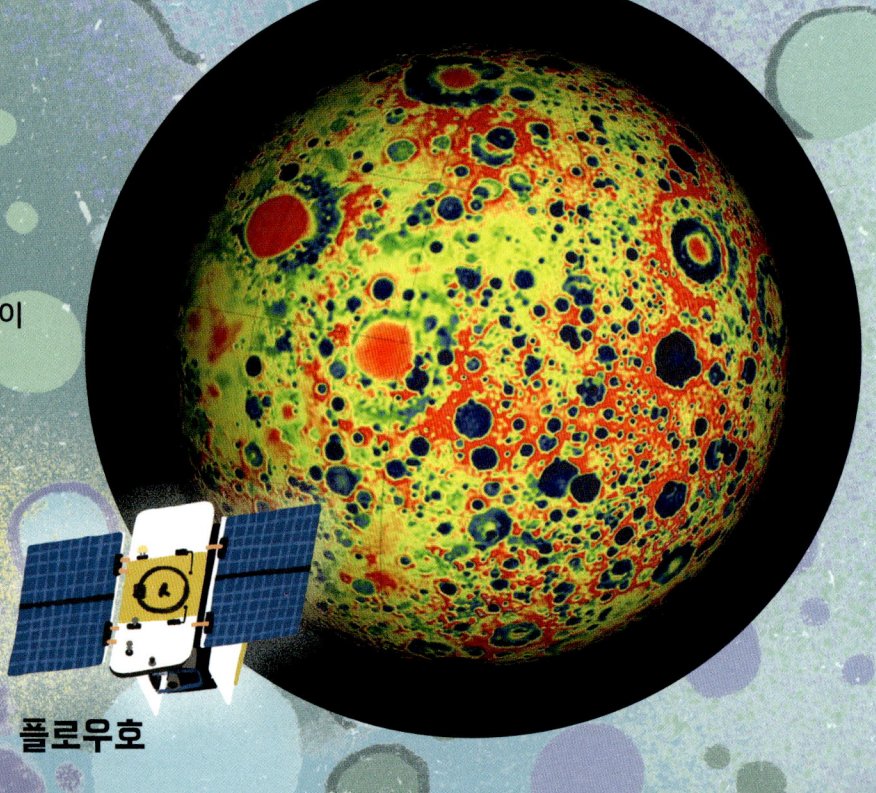

달의 구성도

클레멘타인호에 장착된 특수 카메라는 인간보다 더 많은 색깔을 볼 수 있어요. 가시광선과 적외선을 모두 볼 수 있었거든요. 적외선이란 인간의 눈에는 보이지 않는 빛이랍니다. 과학자들은 달 표면에 있는 암석의 성분을 색깔로 분류했어요. 분류한 색깔과 클레멘타인호에서 찍은 암석의 색깔을 비교해서 달이 무엇으로 구성되어 있는지 알 수 있었어요. 이렇게 달의 구성 성분을 나타낸 지도를 만들었습니다. 옆의 지도는 달 표면의 철 성분 구성도랍니다.

달의 원소 지도

루나 프로스펙터호는 최초로 달 표면에 있는 특정 원소의 양을 지도로 그려냈어요. 달의 어두운 지역에 우라늄과 토륨 같은 방사성 원소가 풍부하다는 것을 처음으로 밝혀냈죠. 덕분에 우주비행사가 달에 갈 때는 반드시 방사선을 막아주는 장비를 착용해야 한다는 것을 알게 되었답니다. 방사선은 인간의 몸에 해롭거든요.

루나 프로스펙터호

수분 감지기

달 궤도선에는 중성자 탐지기(LEND)라는 특수 장비가 탑재되어 있어요. 과학자들은 이 장비 덕분에 달에서 물을 발견해낼 수 있었답니다.

중성자 탐지기

중성자 탐지기로 달의 남극 표면을 분석해 토양에 수소가 얼마나 있는지 측정해서 위의 지도를 만들었어요. 수소는 물을 구성하는 두 가지 화학 원소 중 하나이기 때문에, 수소가 발견되었다면 그곳에 물이 있을 가능성이 높답니다.

달에도 물이 있을까요?

최근에 과학자들은 달 표면에서 물을 발견했어요. 정말 흥미로운 발견이었죠. 우리가 달을 탐사하면 할수록 인간이 직접 달에 거주하면서 장기적으로 달을 연구하려는 계획이 점점 현실이 되어 가고 있어요. 과학자들은 달의 남쪽 극지에 있는 크레이터들이 햇빛을 전혀 받지 못해서 엄청나게 춥다는 것을 알게 되었어요. 그래서 그곳에는 얼음이 많이 쌓여 있을 가능성이 있답니다. 나중에 인간이 달에 가서 살게 된다면 그곳에 있는 얼음들을 유용하게 쓸 수 있을지도 모르죠.

충돌선

2009년, 충돌선 엘크로스호가 발사되었어요. 엘크로스호의 이름은 '달 크레이터 관측 위성'이라는 의미를 담고 있답니다. 로켓에서 소형 충돌선을 발사해 달의 남극 근처에 있는 크레이터에 먼저 충돌했어요. 뒤이어 엘크로스호가 충돌로 생겨난 파편 구름을 뚫고 들어가 정보를 수집해 지구로 보냈죠. 약 4분이 지난 후, 엘크로스호도 달 표면으로 돌진했어요.

달에 충돌하고 있는 엘크로스호

달

달이 로켓 정류소가 될지도 몰라요

인간이 살아가려면 물이 필요해요. 달에 물이 있다면 미래의 우주비행사들이 달에서 살아가는 데 큰 도움이 될 거예요. 그리고 태양계를 탐사하러 지금보다 훨씬 먼 곳까지 날아갈 수 있을 거예요. 로켓이 달의 얼음 창고에서 물을 실어 우주 정거장으로 나르고, 다른 행성으로 가는 로켓이 우주 정거장에 들러 물을 보충하는 모습을 상상해보세요. 달은 지구보다 중력이 훨씬 약해서, 지구와 비교해 달에서 물을 운반하는 것이 훨씬 쉬울 거예요.

달에서 가장 추운 지역인 달의 북극과 남극에는 물이 얼어붙어 있을지도 몰라요.

로켓을 이용해 달의 남극에서 물을 실어 날라요.

우주 정거장에 물을 저장해요.

다른 행성으로 떠나는 로켓에 물을 보충해줘요.

달 탐사는 지금도 계속되고 있어요

인류는 달을 탐사하여 새로운 사실을 알아내는 일을 절대 그만두지 않을 거예요. 우리가 밤하늘에 떠 있는 이 신비하고 매력적인 회색 세계에 다시 발을 딛기 위해서는 전 세계가 함께 노력해야 한답니다. 우주선과 착륙선, 로봇들도 아주 많이 필요할 거예요.

미래를 향해…

과학자들과 엔지니어들은 달을 더 자세히 연구하기 위해 지진계, 각종 카메라, 탐사선 등 다양한 탐사 장비들을 달로 보내고 있어요. 또한, 새로 개발한 기술을 시험해보기도 한답니다. 덕분에 앞으로 더 많은 사람이 달을 밟을 수 있을 거예요.

달 궤도선

달 궤도선

달 궤도선은 'LRO'라고도 하는데, 달의 지도를 만드는 데 필요한 장비들을 다양하게 갖추고 있답니다. 달 표면의 높낮이를 측정하고 자세하게 사진도 찍을 수 있죠. 카메라의 성능이 워낙 뛰어나서 아폴로 우주비행사들이 남긴 발자국이나 바퀴 자국까지 볼 수 있답니다.

찬드라얀 임무

인도 우주 연구소(ISRO)는 2008년부터 달 탐사에 뛰어들었어요. 첫 번째 발사에서는 궤도선과 충돌선을 보내 달에 있는 물을 연구했어요. 이후 발사를 거듭하면서 착륙선과 탐사선을 보내 달의 남극을 탐사하며 나날이 발전하는 기술을 시험하고 있답니다.

찬드라얀 임무

창어 임무

2007년에 발사한 중국의 우주선 '창어 1호'는 착륙선을 달로 보내기 위해 달의 지도를 만들었어요. 이어서 고해상도 카메라를 탑재한 '창어 2호'와 착륙선과 탐사선을 탑재한 '창어 3호'를 발사했죠. 2018년에 발사한 '창어 4호'에 탑재된 탐사선 '위투 2호'는 최초로 달의 뒷면에 착륙하는 데 성공했어요. 달의 뒷면에서는 지구와 통신이 불가능했는데, 이 문제를 해결하기 위해 지구와 달의 뒷면을 모두 볼 수 있는 위치에 '췌차오'라는 통신 위성을 보내 신호를 중계했어요. 창어 5호는 2020년에 달의 암석을 채취하는 착륙선을 달로 보냈어요. 암석을 가져오면 지구의 과학자들이 열심히 연구할 거예요. 앞으로 임무가 계속될수록 더 많은 암석을 모으고, 달의 남극에서 물의 흔적을 열심히 찾아 나가겠죠.

창어 임무

다른 세계를 찾으려는 인류의 노력

달의 표면을 연구하는 것은 태양계의 다른 암석 행성을 알아가는 데에도 도움이 된답니다. 암석 행성에서는 대부분 비슷한 방식으로 크레이터가 만들어져요. 모양과 크기가 조금씩 다를 뿐이죠. 이런 작은 차이점을 통해 우리는 각 행성이 무엇으로 이루어져 있는지, 중력은 얼마나 큰지, 대기는 있는지, 있다면 어떤 원소가 많이 함유되어 있는지 등을 알 수 있답니다.

달

달에 암석이 충돌하면 무조건 크레이터가 생긴답니다. 자그마한 먼지 같은 것들도 크레이터를 만들 수 있죠. 달에는 대기가 없기 때문이에요. 대기가 없으니 바람이나 비도 생기지 않죠. 그래서 한번 만들어진 크레이터는 사라지지 않는답니다.

크레이터를 자세히 들여다보면 알 수 있어요

크레이터를 관찰하면 태양계의 역사를 알 수 있어요. 태양계의 행성들이 우주를 떠도는 암석과 충돌하는 횟수는 대부분 거의 비슷해요. 그러니 크레이터가 많을수록 생긴 지 오래된 행성이고, 크레이터가 적을수록 오래되지 않은 행성이라는 것을 알 수 있어요.

형성된 지 얼마 되지 않은 달의 표면

오래전에 형성된 달의 표면

수성

수성의 표면에는 달보다 훨씬 많은 주름이 있답니다. 수성이 달보다 더 많이 줄어들고 있다는 것을 의미해요. 특히, 수성의 커다란 크레이터인 '괴테 분지'에서 이런 주름처럼 생긴 지형들을 많이 찾아볼 수 있어요.

괴테 분지의 균열

화성

달과 달리 화성의 표면에는 매우 작은 크레이터들과 거대한 분지들이 많아요. 화성에는 얇은 대기층이 있어서 대기층을 뚫고 들어오려는 유성체를 태워버리기 때문이죠. 큰 유성체는 작아지고, 작은 유성체는 완전히 타서 사라진답니다. 이 사진은 화성에 있는 '제제로 크레이터'의 모습이에요. 과학자들은 이 제제로 크레이터를 물이 흘렀던 자국일지 모른다고 생각해요.

제제로 크레이터

달의 크레이터는 우리에게 많은 것을 가르쳐 준답니다.

달을 탐험하는 사람들

혼자서는 달에 관한 모든 것을 완전히 알 수 없어요. 달의 지형이나 달에서 사는 방법 등을 알아내기 위해서는 여러 사람의 노력을 모아야 해요.

과학자들은 언젠가는 달에 작은 정거장을 만드는 꿈을 꾼답니다. 과학자뿐만 아니라 다양한 기술을 가진 전 세계의 수많은 사람이 꾸는 꿈이죠. 이 꿈을 이루기 위해서는 이들이 가진 다양한 기술의 도움을 받아야만 해요. 탐사 임무를 계획하고 훈련을 진행하며, 실험도 해봐야 해요. 참여하는 사람들이 모두 건강하게 임무를 진행할 수 있도록 균형 잡힌 식사도 준비해야 하죠. 할 일이 참 많답니다.

여러분은 어떤 직업을 갖고 싶나요? 대학교에 진학해 여러 해 동안 공부해야 하는 직업도 있을 테고, 여러 분야의 뛰어난 장인에게 기술을 배우는 직업을 가질 수도 있을 거예요. 그게 무엇이든 여러분이 앞으로 직업을 갖고 배우는 기술은 모두 우주 탐험에 조금이나마 도움이 될 거예요.

컴퓨터 과학자

우주 탐사의 모든 부분은 컴퓨터 기술로 통제하고 실행해요. 컴퓨터 과학자는 이런 컴퓨터 기술을 이용해 탐사를 진행할 수 있게 연구하고 계획하는 사람들이랍니다.

장비 기술자

달 탐사 작업에서 얻은 정보를 처리하는 데 컴퓨터 같은 기계 장비가 많이 사용된답니다. 장비 기술자는 이런 장비들과 하드웨어 부품들을 설계하는 일을 해요.

의사

사람은 언제든지 아프거나 다칠 수 있어요. 달에서도 마찬가지예요. 의사들은 우주비행사들의 건강을 관리하는 일을 해요. 우주비행사들이 임무를 수행할 수 있을 만큼 건강한지 항상 확인한답니다. 아울러 달이 인간의 신체에 미치는 영향도 연구하죠.

지질학자

지질학자들은 달의 지형 생김새와 구성 성분을 연구하는 전문가예요. 수집한 사진과 데이터, 달에서 가져온 암석 등을 연구해 달의 형성과 변화의 과정을 밝혀낸답니다.

건축가

우리가 어떤 세상에 살고 있더라도 살 장소와 일할 장소는 꼭 필요해요. 이런 장소들을 유용하고 편안하게 설계하는 일은 건축가들의 몫이랍니다. 가까운 미래에 인류가 달에서 거주하게 된다면, 건축가들이 멋진 건물들을 설계해낼 거예요.

우주비행사

어떤 일이든지 우주에서 임무를 수행하는 사람은 모두 우주비행사랍니다. 우주비행사라고 우주선만 조종하는 것은 아니에요. 우주에서 각자 맡은 역할이나 실험 임무를 수행하죠. 임무를 수행하는 우주비행사들은 각자 특별한 역할을 맡고 있답니다.

달에 가면 어떤 일을 할까요?

앞으로 인류는 드넓은 우주의 더 많은 부분을 탐사해 나가야 해요. 그러기 위해서 달은 우리의 우주 탐사 시작점이 될 거예요. 달에 우리의 전진 기지가 건설되고 나면 인류는 달에서도 살 수 있게 되겠죠. 우주에서 산다는 것이 어렵고 위험하겠지만 불가능하지만은 않아요. 언젠가 우리는 인류가 달에서 살 수 있게 해 준 최초의 탐험가들을 백과사전에서 볼 수 있게 될 거예요.

이 책을 보고 있는 여러분이 달에 집을 지은 최초의 인류가 될지도 모르는 일이죠, 안 그래요?

땅속을 조사해요

행성을 연구하는 과학자들과 지질학자들은 새로운 종류의 광물을 찾아 연구하기 위해 달의 표면을 파내죠. 게다가 달에 건물을 지을 때 재료로 사용할 수 있는 화학 물질이나 자원도 찾고 있답니다.

달에 생기는 그림자는 훨씬 어두워요. 그래서 손전등이 필요하답니다.

로봇에 탐사 도구를 실어 달로 운반하고, 달에서 채취한 암석들을 지구로 돌려보내요.

우주 운반선

우주 정거장으로 보급품을 실어 나르는 '우주 캡슐'이라는 작은 우주선이 있어요. 우주비행사들도 이 우주선을 타죠. 미래의 우주비행사들은 이 우주선을 타고 우주 정거장과 달, 지구 사이를 자유롭게 이동하게 될지도 몰라요.

미래에는 착륙선을 타고 달에 갈 수 있을지도 모르죠. 그때는 달의 뒷면에도 갈 수 있을 거예요.

달에 있는 우주비행사들에게 전기를 공급하려면 태양의 에너지를 잘 받을 수 있는 달의 북극이나 남극 근처에 태양 전지판을 세워야 해요.

우주비행사들은 캠핑카처럼 만들어진 달 탐사선에서 잠을 잘 수 있죠. 덕분에 여러 날 동안 달에서 지낼 수 있어요.

미래의 달은 어떤 모습일까요?

다시 한번 인간이 달에 발을 딛는 날을 위해 전 세계가 함께 노력하고 있어요. 이번에는 다 함께 달을 탐사할 수 있는 공동 연구 기반을 구축하는 것이 모두의 꿈이죠. 이 꿈을 실현하기 위해서는 궤도선, 착륙선, 탐사선 같은 로봇들과 우주비행사들이 더 많이 필요할 거예요. 우주 탐사는 어떤 회사나 국가가 혼자서 해낼 수 있는 일이 아니죠. 팀워크가 필요하답니다.

달의 탐사 기지

달에 탐사 기지를 세우면 끊임없이 달 연구를 할 수 있을 거예요. 지구의 남극에 있는 연구 기지에서 일하는 사람들이 한 번에 몇 달씩 그곳에 살면서 남극을 연구하는 것과 비슷하답니다.

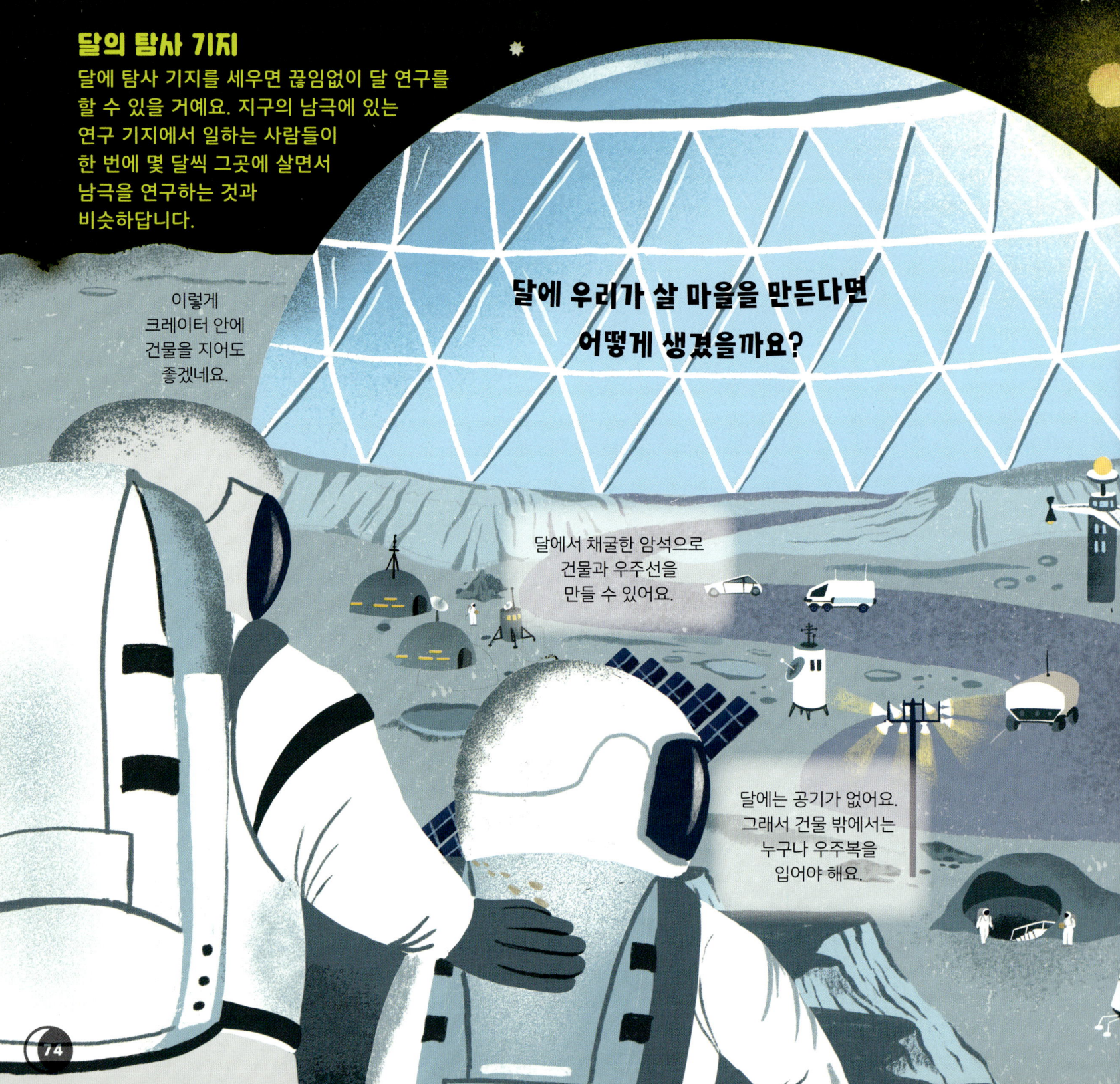

이렇게 크레이터 안에 건물을 지어도 좋겠네요.

달에 우리가 살 마을을 만든다면 어떻게 생겼을까요?

달에서 채굴한 암석으로 건물과 우주선을 만들 수 있어요.

달에는 공기가 없어요. 그래서 건물 밖에서는 누구나 우주복을 입어야 해요.

용어

NASA
미국 항공 우주국을 줄여서 NASA라고 해요. NASA는 우주 과학 연구에 최선을 다하고 있어요.

가이아
수십억 년 전, 두 행성이 충돌해 지구와 달이 생겼어요. 둘 중 큰 행성이 '가이아'랍니다.

간조
바닷물의 높이가 가장 낮은 상태를 '간조'라고 해요.

구
공처럼 둥근 물체를 말해요.

궤도
어떤 천체가 다른 천체 주위를 도는 일정한 길을 말해요. 행성이 태양 주위를 도는 것처럼요.

궤도선
달이나 행성 주위를 돌면서 탐사하도록 개발된 우주선이에요. 표면에 착륙하진 않는답니다.

달의 뒷면
지구에서는 볼 수 없는 달의 표면이에요.

달의 앞면
지구에서 보이는 달의 표면이에요.

대기
행성과 왜소행성 등을 둘러싸고 있는 가스층을 말해요. 대기층을 가진 위성도 많답니다.

만조
바닷물의 높이가 가장 높은 상태를 '만조'라고 해요.

망원경
먼 거리에 있는 물체를 관찰하는 데 사용하는 도구예요.

무인 우주 탐사선
우주에 있는 물체의 정보를 수집해 지구로 보내는 무인 우주선이에요.

반지름
원이나 공 모양 물체의 중심에서 가장자리까지의 거리를 말해요.

부피
물체나 공기가 차지하는 양을 말해요.

상현
달의 위상 단계 중에 달이 점점 차오르는 구간을 말해요. 햇빛이 더 많이 반사되는 면이 보이는 것이랍니다.

소련(USSR)
소비에트 사회주의 공화국 연방, 줄여서 소련이라고 해요. 1922년부터 1991년까지 존재했던 공산 국가예요.

소행성
태양 주위를 도는 작은 암석으로 이루어진 천체들을 소행성이라고 해요.

식
우주의 한 천체가 다른 천체의 그림자에 가려지는 것을 '식'이라고 해요.

아폴로 계획
미국의 NASA가 1961년부터 1972년까지 진행했던 우주 탐사 프로그램이에요. 인간이 최초로 달에 착륙했던 임무였답니다.

우주선
우주를 탐사하는 탈것들은 모두 우주선이라 한답니다.

운석
유성체가 행성이나 위성의 표면에 부딪히면 운석이 된답니다.

유성
유성체가 지구의 대기권을 통과하면 타오르면서 빛나는 줄무늬를 남겨요. 이것을 '유성'이라 부른답니다.

유성체
우주 공간을 떠다니는 작은 암석 덩어리예요. 보통 더 큰 암석 덩어리에서 떨어져 나온 것이랍니다.

자전축
행성이나 항성의 중심을 통과하는 선을 자전축이라 해요. 행성이나 항성은 이 축을 중심으로 회전한답니다.

중력
두 개의 물체 사이에서 발생하는 서로 끌어당기는 힘을 중력이라고 해요. 눈에는 보이지 않는답니다.

지름
원 또는 공 모양 물체의 중심을 통과하는 직선의 끝에서 끝까지의 길이를 지름이라고 해요.

지진계
땅의 진동을 측정하는 기구예요.

진공 상태
아무것도 없는 상태를 말해요. 공기조차 없는 상태죠.

질량
어떤 물체에 포함된 물질의 양을 말해요.

천문학자
우주와 천체를 연구하는 사람을 천문학자라 해요.

천체
우주에 있는 물질 덩어리를 말해요.

탐사선
행성이나 달의 표면을 탐사하는 우주 자동차를 말해요.

태양 전지판
태양의 빛을 모아 전기 에너지를 만들어내는 판 모양의 장치예요.

테이아
수십억 년 전, 두 행성이 충돌해 지구와 달이 생겼어요. 둘 중 작은 행성이 '테이아'랍니다.

하현
달의 위상 단계 중에 달이 점점 기우는 구간을 말해요. 햇빛이 덜 반사되는 면이 보이는 것이랍니다.

혜성
태양 주위를 도는 얼음과 먼지로 된 물체를 말해요. 태양 근처를 지나면 얼음이 녹아 기다란 꼬리 모양으로 빛난답니다.

찾아보기

GRAIL 임무 62
NASA 54, 56, 62

ㄱ

가스 행성 7, 12, 13
갈릴레오호 50
갈릴레이, 갈릴레오 35, 48
계절 24
고요의 바다 40, 41, 49
괴테 분지 69
구름의 바다 49
궤도선 45, 51, 55, 66, 67, 74
그믐달 17, 18, 49
금성 6, 32
기온 9, 62, 64, 65
기우는 볼록달 17, 49

ㄴ, ㄷ

날씨 35, 68
남반구 21
다른 행성의 위성 5, 6, 7, 12-13
달 궤도선(LRO) 45, 53, 64, 66
달 지진 44, 51
달 착륙 56-57
달 표면 관측 장비 56
달의 고지 33, 44
달의 남극 62, 64, 65, 67
달의 뒷면 28, 44, 51, 52, 53, 56, 58, 62, 67

달의 물 64-65, 67
달의 밤 59, 75
달의 소용돌이 40, 41
달의 앞면 28, 29, 58
달의 위상 16-17, 18, 19, 29, 58
달의 주기 16-17
달의 주름 45
달의 지도 49, 62-63
달의 표면 37, 39, 42, 43, 44, 45
달의 하루 9, 58, 59
달의 핵 44, 45, 51
달의 형성 과정 10-11, 60
대기 35, 68, 74
동쪽의 바다 28, 39

ㄹ

레인저 7호 54
로봇 4, 50-51, 60, 66, 72
로켓 50, 51, 54, 57, 64, 65, 75
루나 1호 50
루나 3호 52, 53
루나 9호 55
루나 오비터 1호 55
루나 프로스펙터호 63

ㅁ, ㅂ

마리아(달 표면의 어두운 지역) 5, 28, 29, 32, 42, 45, 52

맑음의 바다 49
망원경 4, 23, 31, 35, 40, 41, 44, 48
명왕성 12
목성 7, 12, 13
밀물과 썰물 26-27
보름달 16, 19, 24, 25
북반구 21
분지(거대 크레이터) 38-39, 42, 62, 69
비의 바다 49

ㅅ

산 41, 48, 51, 62
상현달 16, 19
새턴 V 로켓 57
서베이어 3호 55
셀레네(카구야) 51
소행성 5, 6, 12, 35, 50
소행성 아이다 12
수성 6, 12, 32, 45, 69
신월 17, 24

ㅇ

아폴로 11호 (1969) 7, 33, 41, 56
아폴로 16호 (1972) 56-57
아폴로 계획 7, 11, 33, 41, 44, 55, 56-57, 60, 61
알드린, 버즈 33, 56